Origines des photographies :
Scala : 8
Courtesy of British Museum : 11, 54
Mansell Collection : 10, 26, 27, 55
Picturepoint : 12, 40
Sonia Halliday : 13, 16(T, BD), 17, 19(B), 32, 33(H), 37
Pictor : 16(BG)
Colour Library International : 16(C)
C. M. Dixon : 18, 33(B), 49
Musée Calvet, Avignon : 19(H)
Ronald Grant : 30
Science Museum, London (Crown Copyright) : 42

Dessins de :
Peter Connolly
Peter Thornley
Peter North/The Garden Studio
Ron Hayward Associates
Faulkner/Marks
Tony Payne

Imprimé en Angleterre
Numéro d'éditeur: X 429 79

Les Romains

Joan Forman

Adaptation française de Nicole Vallée

Nathan

Les Romains

L'histoire de Rome s'étend sur près de mille années. De 753 av. J.-C. à 509 av. J.-C., Rome fut un royaume de petits cultivateurs. Après la déposition du dernier roi, Rome devint une république gouvernée par les citoyens importants et commença à conquérir ses voisins, jusqu'à ce que toute l'Italie fût romaine.

Au 1er siècle av. J.-C., des militaires politiciens, comme Jules César et Pompée, se livrèrent de sauvages guerres civiles. La République commença à se désagréger. Après l'assassinat de César en 44 av. J.-C., Rome trouva un chef énergique en la personne du neveu de César, Auguste. L'Empire était né.

L'influence de l'Empire romain se propagea sur tout le monde alors connu et nous affecte encore aujourd'hui. Les Romains empruntèrent beaucoup de leurs idées sur l'architecture, la religion, la littérature, l'art et la politique aux Grecs, qu'ils admiraient grandement. Puis ils apportèrent leur propre contribution aux idées grecques et les répandirent jusqu'aux confins de l'Empire.

Lorsque s'effondra la puissance romaine, au 5e siècle de notre ère, Rome avait uni quantité de peuples et de pays sous un seul gouvernement. Avec la Grèce, elle avait donné à la civilisation occidentale les fondements de la loi, de l'ordre, de l'art et de la discipline intellectuelle.

Cet ouvrage décrit l'existence des Romains au temps de leur grandeur. Ils nous ont laissé de nombreux témoignages sur leur mode de vie, dans leur art, leur architecture et leurs écrits. Les ruines de cités romaines comme Pompéi nous offrent aussi un miroir fidèle de leurs mœurs et de leurs coutumes.

Le texte et les illustrations sont appuyés sur ces sources. Rassemblés, ils nous permettent de nous imaginer que nous sommes des Romains aux jours de la splendeur de Rome.

Sommaire

La naissance de Rome

Les Romains ignoraient comment était vraiment née leur ville. Une légende contait sa fondation par Romulus, fils du dieu de la guerre, Mars. Romulus avait un frère jumeau, Remus. Encore bébés, ils avaient été abandonnés au bord du Tibre. Une louve les avait sauvés et allaités. Devenus adultes, ils fondèrent une ville près du Tibre. Romulus tua Remus lors d'une querelle puis nomma la ville Rome, d'après son propre nom.
Historiens et archéologues estiment que sept cents ans

▼ Ce relief conte l'histoire de Romulus et Remus. Les jumeaux sont enlevés à leur mère par leur oncle, le roi Amulius. Ils sont abandonnés à la mort près d'un fleuve. Une louve les découvre et les allaite.

avant la naissance du Christ, Rome n'était qu'un groupement de huttes en terre à toits de chaume. Ces huttes se dressaient sur une colline près du Tibre, qui devait par la suite s'appeler le mont Palatin.

Le climat était agréable et le sol fertile. Les habitants du village du mont Palatin étaient des paysans. Ils récoltaient du blé, des olives et des raisins. Ils élevaient des moutons et du bétail dans les prairies environnantes. Ces agriculteurs se nommaient les Latins et la région le Latium.

Il y avait six autres collines aux environs. Avec les années, les villages de la région s'agrandirent. Puis ils s'unirent pour former une ville, renfermant sept collines dans ses murailles. Cette ville allait devenir la grande cité de Rome.

▼ Reconstitution des environs et des collines de Rome tels qu'ont pu les voir ses premiers habitants. Les archéologues modernes ont découvert des vestiges de cabanes antiques, représentées au premier plan, sur le mont Palatin. Le Capitole se dresse au centre de l'image. Entre les collines s'étend un marais où les Romains bâtiront plus tard le *Forum*.

Le gouvernement

1. Les premiers Romains furent conquis par leurs voisins, les Étrusques. En 509 av. J.-C., régnait sur Rome un roi étrusque, Tarquin le Superbe. Les citoyens se révoltèrent contre lui et le chassèrent. Les Romains décidèrent alors de ne plus jamais avoir de rois et Rome devint une république.

▼ Jules César était un homme brillant, un grand général et un politicien. En 45 av. J.-C., il est seul chef à Rome. Il gouverne sagement, mais certains Romains craignent qu'il n'aspire à la royauté. Pour l'en empêcher, ils le poignardent à mort au Sénat, le 15 mars 44 av. J.-C.

3. Les citoyens romains étaient soit de riches et puissants patriciens, soit des plébéiens, simples travailleurs sans pouvoir. En 494 av. J.-C., les plébéiens menacèrent de quitter Rome et de construire leur propre ville. Après quoi, ils furent autorisés à élire deux représentants, les tribuns, qui pouvaient empêcher toute action du Sénat en déclarant : *Veto* (je défends).

2. Quand Rome devint une république, le pouvoir du roi fut partagé entre deux hommes, les consuls. Ceux-ci occupaient leur charge durant un an. Une Assemblée des citoyens et un conseil, le Sénat, aidaient les consuls à gouverner. Le Sénat était responsable des finances et de la politique étrangère. L'Assemblée élaborait les lois de la cité.

4. A mesure que grandissait l'Empire romain, les riches devenaient plus riches et les pauvres plus mécontents. Il y eut des émeutes et des guerres civiles. Les généraux victorieux se combattaient mutuellement, autant qu'ils combattaient les ennemis de Rome. La paix fut rétablie en 27 av. J.-C., quand Octave devint le premier Empereur romain sous le titre d'Auguste.

▼ Après la mort de César, son neveu, Octave (ci-dessous) et son ami, Marc-Antoine, gouvernent. Les deux hommes se brouillent lorsque Antoine quitte son épouse (sœur d'Octave) pour la reine Cléopâtre d'Égypte. Antoine est vaincu au combat en 31 av. J.-C. et Octave devient le premier empereur romain.

Un grand empire

◄ L'empereur Hadrien a construit une muraille tout le long des frontières de l'Empire pour défendre celui-ci contre les envahisseurs. Ici, le mur d'Hadrien, au nord de l'Angleterre.

▼ Les farouches guerriers britanniques utilisent des chars de combat légers.

▲ Des marchands orientaux apportent soies et épices des pays situés au-delà de l'Empire.

Cette carte montre la croissance de l'Empire romain dont dépendaient des peuples très différents. Les tribus guerrières de l'Ouest adoptèrent le mode de vie romain. A l'Est, la civilisation grecque subsista, même sous le gouvernement romain.

Les premiers habitants de la République romaine ne se battaient que pour protéger leurs terres contre les envahisseurs. Les principaux ennemis de la Rome primitive étaient les États étrusques voisins. Une à une, Rome vainquit les armées étrusques. En 264 av. J.-C., Rome dominait la plus grande partie de la péninsule italienne.

En 264 av. J.-C., la grande république commerçante et maritime de Carthage contrôlait la Méditerranée. Au cours des cent vingt années qui suivirent, Rome livra trois grandes guerres contre Carthage. La lutte fut acharnée. En 140 av. J.-C., la ville de Carthage était entièrement détruite et ses provinces d'Espagne et de Sicile se trouvaient sous la domination romaine.

En 121 av. J.-C., la plupart des pays entourant la Méditerranée étaient soit conquis par Rome, soit devenus ses alliés.

Au 1er siècle av. J.-C., Jules César conquit les tribus guerrières de la Gaule et son rival, Pompée, la Syrie et la Palestine. Quand la reine Cléopâtre se suicida en 31 av. J.-C., Octave fit de l'Égypte une province romaine.

▲ Ce philosophe grec pourrait enseigner à Rome. Les Romains adoptent les idées des Grecs et apprennent le grec comme seconde langue.

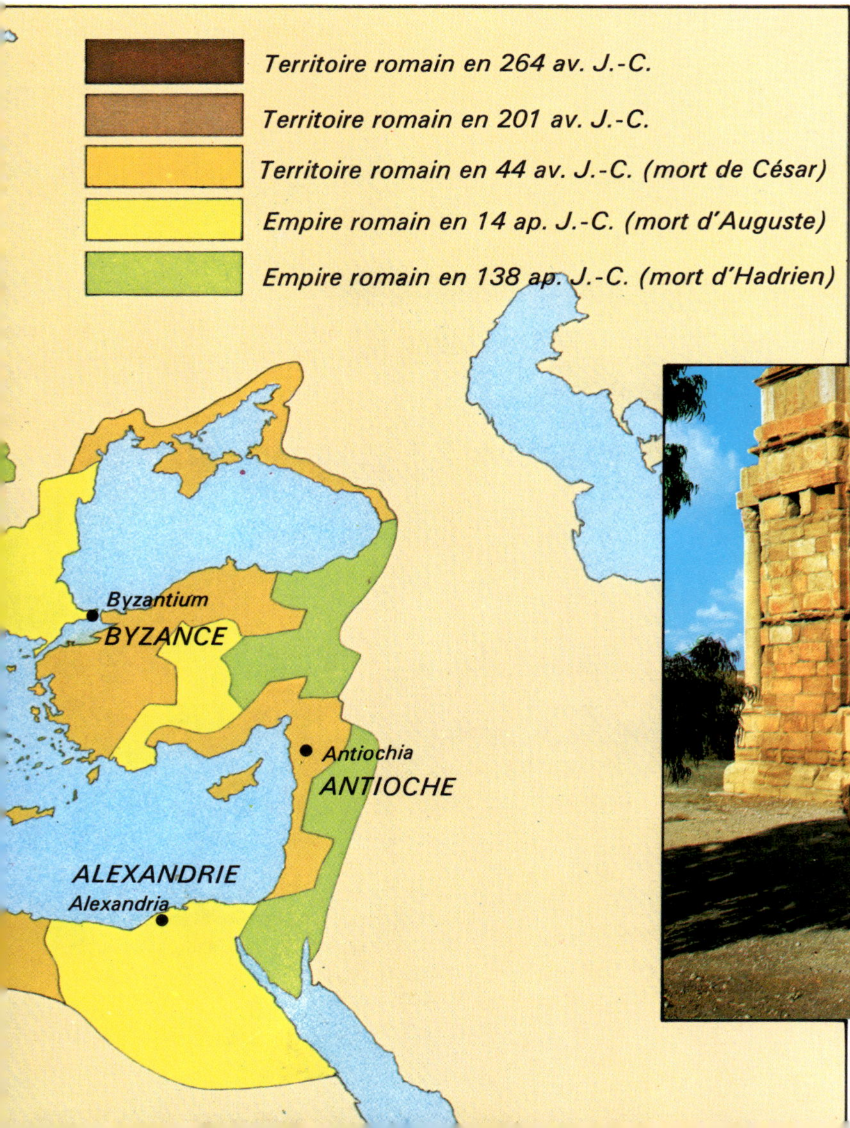

▼ On peut voir encore aujourd'hui de nombreux édifices romains, tel cet arc de triomphe à Sbeitla en Tunisie.

La villa d'un homme riche

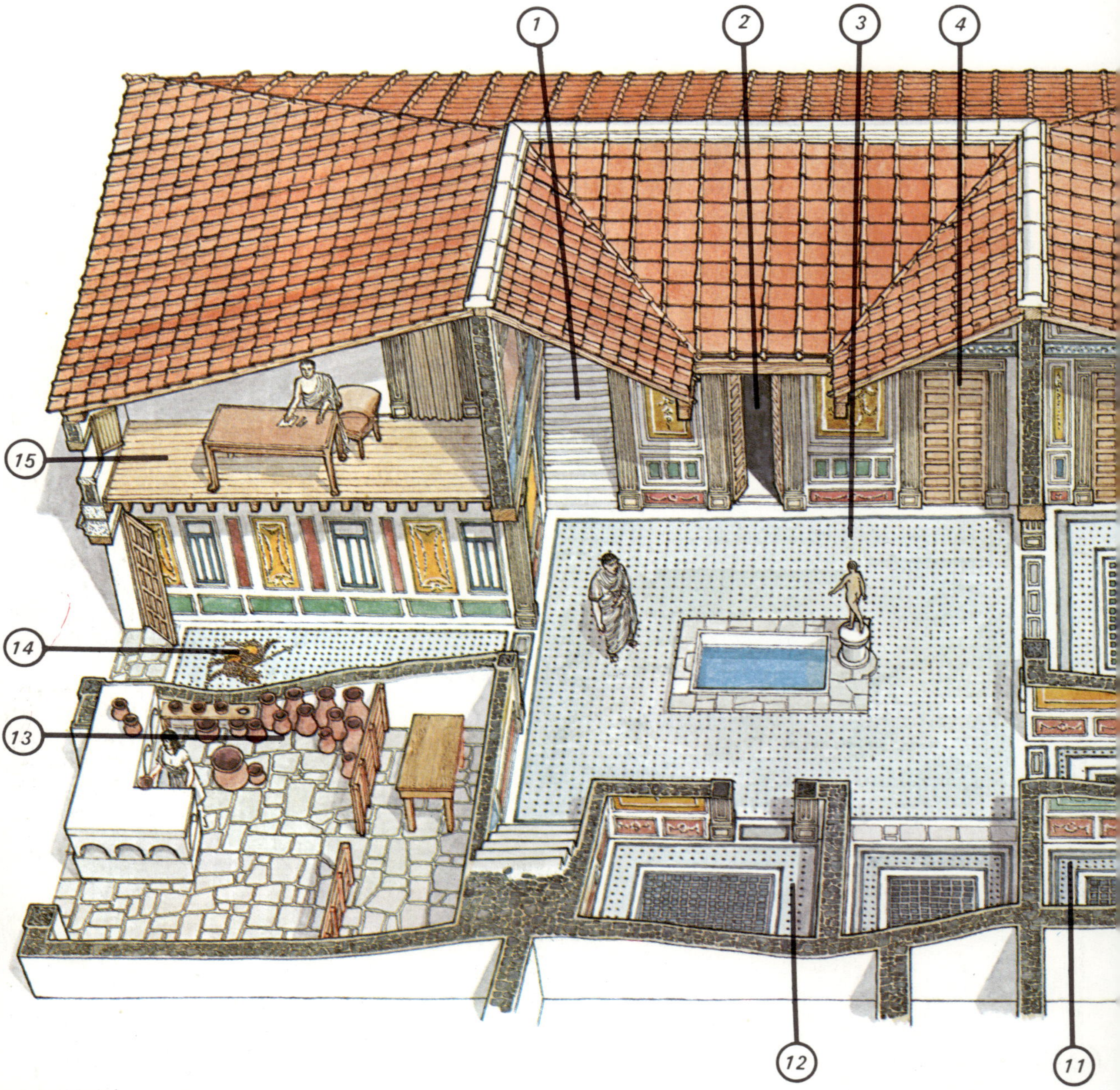

Un étranger à Rome aurait vite observé que les demeures des riches différaient beaucoup de celles des pauvres. Les premiers habitaient des maisons à colonnes, sols et murs de marbre. Ils avaient de luxueux rideaux et des meubles de bronze, d'ivoire ou de bois rares et précieux. Les gens fortunés payaient d'habiles artistes pour décorer leurs villas. Ceux-ci couvraient les murs de superbes fresques. Ils ornaient les sols de dessins en mosaïques. Cependant, les riches eux-mêmes n'avaient pas de vitres à leurs fenêtres, et peu de cuisines étaient pourvues d'un âtre ou d'une cheminée.

▲ Reconstitution d'une villa de Pompéi; sur le dessin on a supprimé une partie de l'étage supérieur et du toit. Les fouilles de Pompéi et d'Herculanum nous ont beaucoup appris sur le mode de vie de la Rome antique. Ces deux villes furent ensevelies sous la lave et les pierres lors d'une éruption du Vésuve en 79 ap. J.-C.

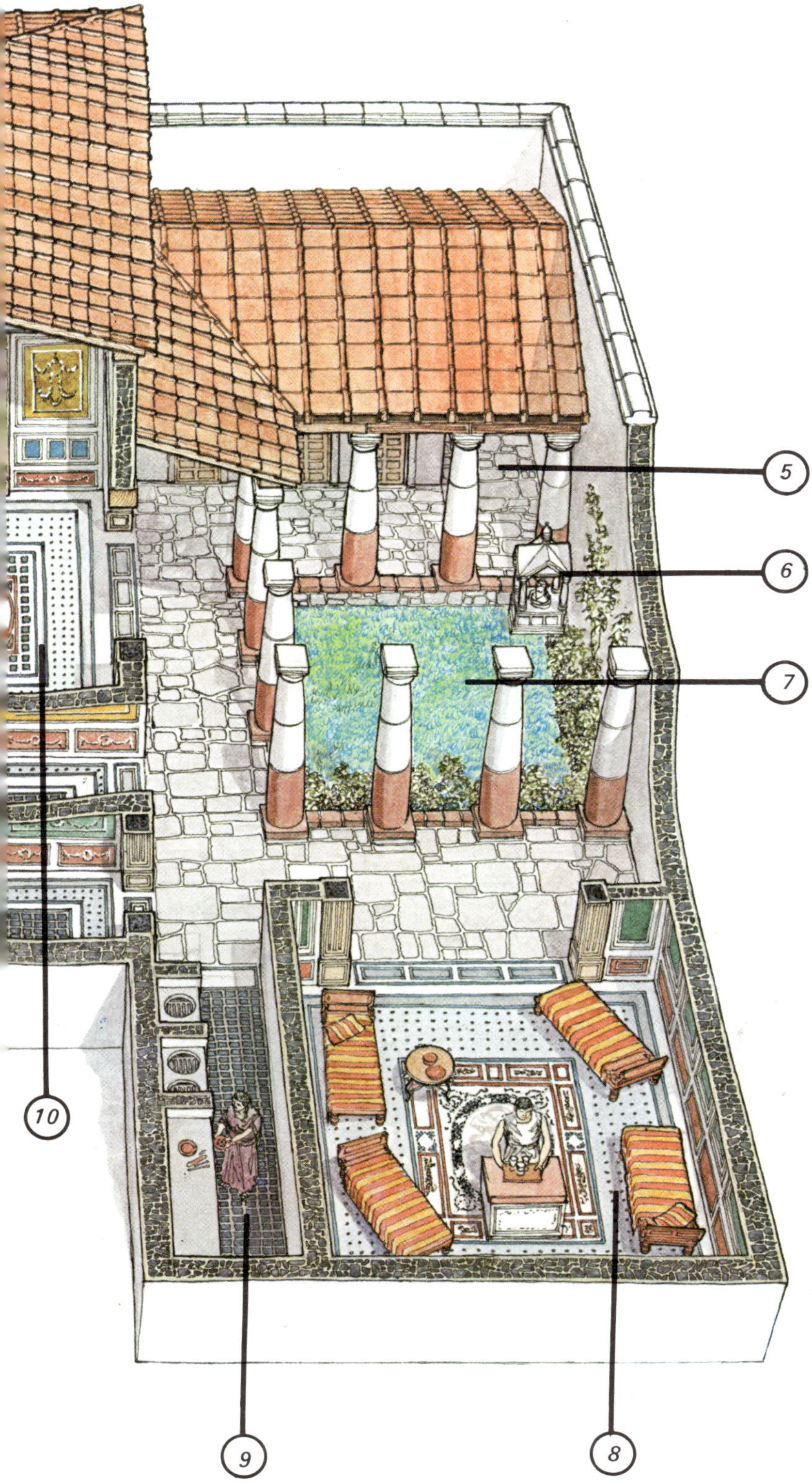

1. Escaliers conduisant à une chambre à coucher. Les chambres à coucher sont généralement petites et peu meublées.

2. Porte d'une chambre à coucher.

3. L'*atrium* ou pièce de séjour principale. Il a une ouverture dans le toit et au-dessous un petit bassin est creusé dans le sol.

4. Porte d'une chambre à coucher.

5. Le péristyle. C'est un passage couvert autour d'une cour à ciel ouvert.

6. Le *lararium,* autel des dieux du logis.

7. La cour du péristyle, bordée de plates-bandes fleuries et d'arbustes. Lors de fouilles à Pompéi, on a retrouvé des graines des plantes de l'époque.

8. Le *triclinium* ou salle à manger. Généralement petite, elle contient trois ou quatre divans sur lesquels s'étendent les convives, ce qui laisse très peu de place aux esclaves qui les servent.

9. La cuisine. On brûle dans les fours du bois ou du charbon de bois.

10. Le *tablinium,* pièce de réception ou d'étude.

11 et 12. Chambres à coucher.

13. Une boutique. Le propriétaire de la villa loue ses pièces inoccupées à des boutiquiers. Il y a une autre boutique de l'autre côté du couloir d'entrée.

14. Le pavement de l'entrée est orné d'un dessin en mosaïque ; *Cave Canem* signifie : attention au chien.

15. Une chambre de l'étage, sans doute louée comme boutique avec une entrée séparée depuis la rue.

Maisons et taudis

Les pauvres gens de Rome vivaient dans de petites pièces au-dessus des boutiques ou dans des maisons de rapport, qui ressemblaient assez à nos immeubles actuels. Une seule maison de rapport était si grande qu'elle paraissait une "île" dans les rues environnantes et on l'appelait *insula.*
Les pauvres logis ne contenaient qu'un ou deux lits inconfortables et un tabouret ou une chaise. La plupart des femmes possédaient un rouet pour filer et un métier pour tisser. En hiver, les maisons étaient en général chauffées par un feu de charbon de bois brûlant dans un brasero. S'il s'éteignait, il était très difficile de le rallumer. Quand Octave devint empereur, il y avait à Rome plus de

▲ Le péristyle d'une villa de Pompéi.

◀ Vue partielle de Pompéi aujourd'hui.

▼ A Bulla Regia en Tunisie, les Romains ont construit des villas souterraines. Ci-dessous, la salle à manger de l'une d'entre elles.

▲ Cour d'une villa à Herculanum.

45 000 maisons de rapport. On disposait de peu de place pour construire dans la ville. Les *insulae* étaient hautes et étroites et comportaient au moins cinq étages.
Les constructeurs utilisaient souvent des matériaux bon marché de mauvaise qualité. Les *insulae* étaient parfois si mal construites que les murs se lézardaient ou que les toits tombaient. Cicéron, riche propriétaire foncier, se plaignait : "Deux de mes immeubles se sont écroulés, et dans les autres tous les murs sont fissurés. Non seulement les locataires, mais même les souris ont fui."
L'eau n'arrivait pas aux étages supérieurs des *insulae*, aussi n'y avait-il ni canalisations ni chauffage central. Les locataires utilisaient les toilettes publiques ou déversaient leurs eaux sales par les fenêtres après la tombée de la nuit. Les dangers d'incendie étaient grands et les maisons brûlaient souvent du haut en bas.
Les Romains aimaient les jardins, mais les pauvres n'avaient pas la place d'en installer.

▲ Ces toilettes publiques à sièges multiples ont été découvertes à Dougga, en Tunisie.

▼ Un bas-quartier romain. A gauche, une taverne avec sur le mur son enseigne, une jarre à vin.

Au logis et à l'école

▶ Le nouveau-né est baigné par la sage-femme dans une grande bassine. Il ne sera pas accepté dans la famille avant que son père ne l'ait vu.

▲ A l'école, les enfants écrivent sur des tablettes de cire avec un stylet en os.

▼ Rouleau de papyrus, encrier et plume en bronze. Le papyrus ressemble à du papier, mais il est fait de fibres de roseaux.

Les citoyens de Rome aimaient la vie sociale. Les riches recevaient beaucoup. Riches et pauvres passaient une grande partie du temps à l'extérieur durant la journée, pour assister aux jeux ou se rendre aux bains publics. Il était dangereux d'errer nuitamment dans les rues, aussi rentrait-on chez soi avant le coucher du soleil.

Le père romain disposait d'un pouvoir absolu sur ses enfants et son épouse. Les garçons devaient obéir à leur père même quand ils étaient adultes. Par la suite, les épouses gagnèrent quelque indépendance quand elles eurent le droit de posséder leurs biens propres.

Les enfants des riches allaient à l'école. Celle-ci pouvait n'être qu'une pièce, ou une baraque séparée de la rue par un simple rideau. Les maîtres étaient habituellement des Grecs, parfois esclaves. Beaucoup étaient sévères et battaient souvent leurs élèves. Garçons et filles fréquentaient des écoles élémentaires distinctes où ils apprenaient à lire, écrire et compter.

A l'âge de treize ans, les filles quittaient l'école. Leur éducation se poursuivait à la maison, où elles apprenaient à devenir de bonnes ménagères. Les garçons, eux, allaient à l'école secondaire, au même âge. En même temps, ils recevaient une préparation militaire, et apprenaient à se battre et à supporter la fatigue.

▼ Beaucoup de Romains ont une heureuse vie de famille. Ce bonheur familial est exprimé dans des reliefs comme celui-ci.

▶ Reconstitution moderne d'une lyre romaine. Une partie de l'éducation des filles consiste à apprendre à chanter et à jouer de la lyre.

▶ Mosaïque représentant un char à oies d'enfants. Les chars jouets sont aussi tirés par des chiens.

▼ Les dés sont en marbre ou en os. Chaque face de l'osselet (à droite) porte une encoche différente. Les fiches du bas ne servent qu'aux jeux. *Nugator* signifie ''plaisantin'', *Victor,* ''vainqueur''.

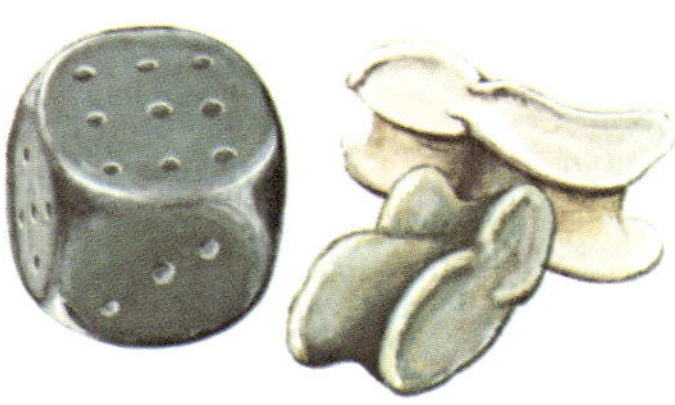

L'école commençait tôt le matin et finissait au milieu de l'après-midi. Après la classe, les élèves pouvaient aller aux bains publics ou jouer. Les jeux les plus populaires étaient le colin-maillard, les devinettes ou ''le roi''. Les enfants s'amusaient aussi avec des cerceaux, des jouets et des poupées. Ils aimaient se déguiser. Ils portaient parfois des masques terrifiants. Ils jouaient à être juges, rois ou gladiateurs.

La vie d'un noble

1. Les bébés romains sont prénommés quelques jours après leur naissance. Les garçons ont trois noms : un premier, comme Marcus; un deuxième, celui de leur clan, Julius ou Flavius, par exemple; un nom de famille, Cicéron, César... Chaque bébé reçoit un porte-bonheur, la *bulla.*

2. A l'école élémentaire, le garçon apprend à lire, écrire et compter. A treize ans, il va à l'école secondaire, où il reçoit l'enseignement d'un maître grec, appelé *grammaticus.* Enfin, il peut s'inscrire à une école de *rhéteur* pour y apprendre l'art de l'éloquence ou rhétorique.

5. A trente-neuf ans, le Romain noble peut être élu *préteur.* Il y a huit *préteurs.* Ils président les tribunaux ou deviennent gouverneurs provinciaux. Pendant l'année où il occupe sa charge, le *préteur* promulgue les lois.

6. Un ex *préteur* peut devenir *consul* à quarante-deux ans. Sous la République, les deux *consuls* sont très puissants. Ils président le Sénat et commandent l'armée. Après le 1er siècle av. J.-C., le pouvoir des *consuls* s'affaiblit, mais ils demeurent des fonctionnaires respectés.

3. Les mariages sont ordinairement arrangés par les parents. Parfois la mariée n'a que treize ans; son époux un peu plus. La cérémonie est suivie d'un banquet, puis d'une procession aux flambeaux jusqu'à la maison de l'époux, dont l'épouse franchit le seuil portée par le jeune homme.

4. A trente ans, un homme ambitieux peut être élu *questeur*. Le *questeur* est chargé de questions financières ou adjoint d'un gouverneur provincial. Un *questeur* qui a réussi est élu *édile* et veille sur l'approvisionnement, le trafic et les loisirs de la cité.

7. Les *consuls* ne restent en place qu'un an. Un ex *consul* peut devenir *proconsul,* gouverner une importante province et s'enrichir considérablement. Beaucoup de *proconsuls* gagnent assez d'argent pour vivre dans le luxe jusqu'à la fin de leur vie.

8. Quand un Romain noble meurt, il est revêtu de sa tenue officielle et couronné de feuilles de laurier. Puis son corps est transporté sur une civière jusqu'au lieu des funérailles. Celles-ci sont annoncées par un crieur public. Parents et amis s'assemblent pour écouter les discours funèbres, puis le corps est incinéré.

Vêtements et modes

La plupart des Romains portaient comme vêtement une pièce de tissu appelée toge. La toge pouvait être carrée ou rectangulaire et se drapait sur le corps en formant des plis. Elle était faite de laine jusqu'au moment où Rome se mit à commercer avec l'Égypte. Alors les vêtements romains furent faits de toile égyptienne.

Les hommes portaient des toges blanches. Les toges des sénateurs étaient ornées d'une large bande rouge, celles des petits garçons d'une bande rouge étroite. Les femmes teignaient leurs vêtements avec des teintures végétales. Les femmes riches se servaient de parfums, de produits de beauté et mettaient des bijoux. Hommes et femmes connaissaient les perruques et même les fausses dents.

Trois esclaves aident leur maîtresse à s'habiller et à se maquiller. Les quatre femmes portent une tunique longue, la *stola.*

L'esclave porte une simple tunique. Le maître porte une *toge* à plis lâches par-dessus la tunique.

COIFFURES

La façon de se coiffer change aussi souvent que de nos jours. Les deux sexes se font des boucles avec des fers à friser, et s'enduisent la tête d'huile et de graisse pour faire pousser leurs cheveux.

INSTRUMENTS DE BEAUTÉ

Miroir d'étain et de bronze à bordure d'argent doré

Pot à fard en ivoire

Flacon à parfum en onyx

Peigne en ivoire gravé au nom de sa propriétaire

Spatules en argent pour l'application des fards

Aux bains

Les bains publics étaient fort appréciés des Romains. Les citoyens pouvaient y passer toute la journée. Les bâtiments étaient luxueux et offraient toutes sortes de distractions. Outre les bains, il y avait des gymnases, des jardins, des boutiques et des bibliothèques.
Les thermes de Caracalla couvraient 13 hectares et avaient un stade et de la place pour 1 600 baigneurs. Il y avait trois ou quatre sortes de bains différents, du très froid au très chaud, au choix du baigneur. Tous les bains étaient des lieux fort bruyants, car les Romains aimaient chanter et siffler autant que bavarder.

Dans la cave, l'eau des bains est chauffée sur des foyers.

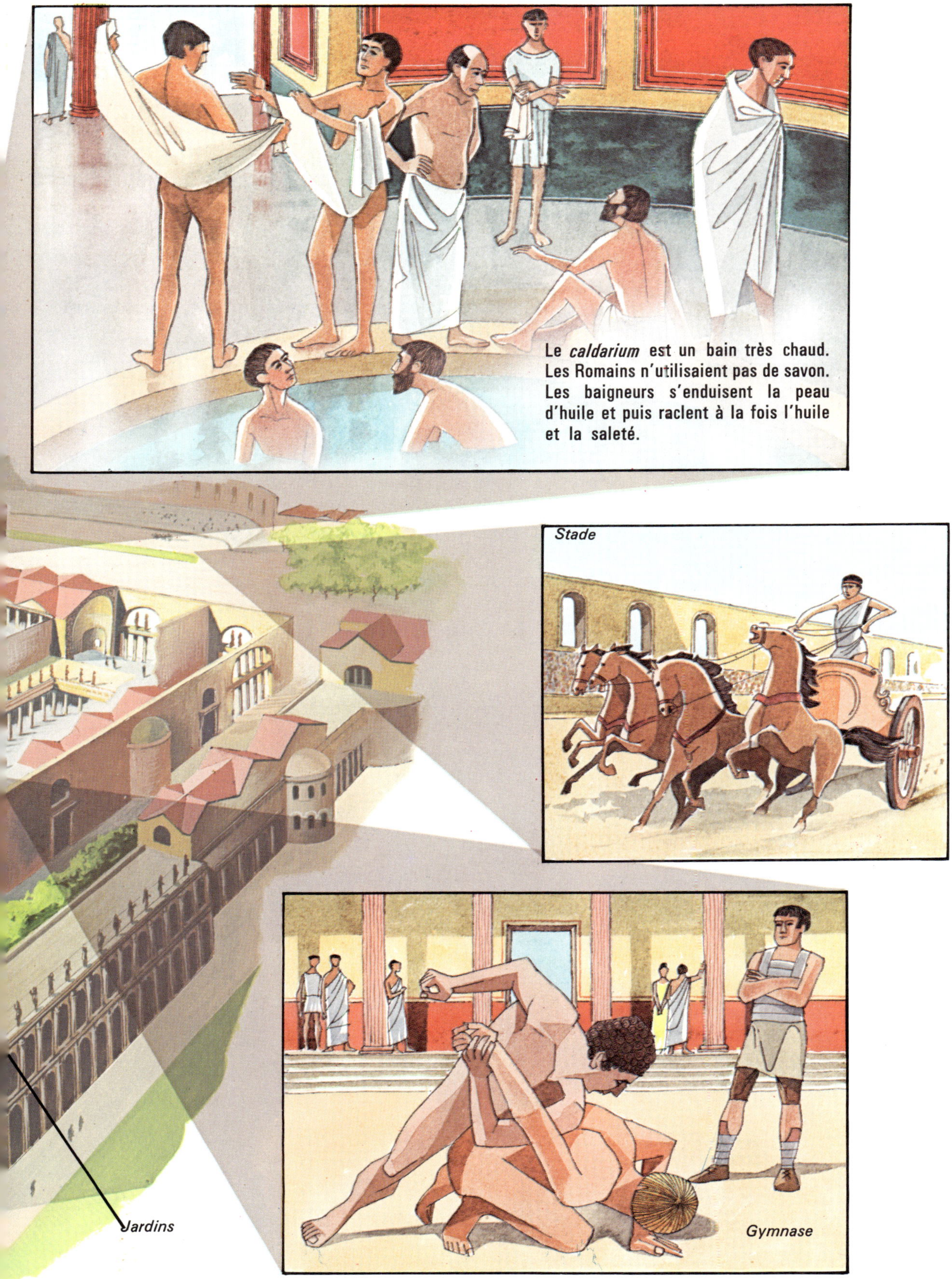
Le *caldarium* est un bain très chaud. Les Romains n'utilisaient pas de savon. Les baigneurs s'enduisent la peau d'huile et puis raclent à la fois l'huile et la saleté.
Stade
Jardins
Gymnase

Les boutiques romaines

▲ Un boucher. Les tombes ornées de reliefs comme celui-ci nous renseignent beaucoup sur la vie quotidienne des Romains.

▼ La boutique d'un marchand de volailles.

A Rome, les boutiques ouvraient tôt le matin et fermaient à midi. Elles rouvraient dans l'après-midi jusqu'au crépuscule. Les ventes se faisaient en partie dans la rue.

Il y avait des barbiers, des libraires, des épiciers, des boulangers, des marchands de volaille, des magasins de meubles et des éventaires offrant des plats cuisinés. Il y avait aussi quelques prêteurs, mais les Romains fortunés méprisaient cette occupation. Caton a écrit : "On peut beaucoup gagner à prêter de l'argent, mais aucun gentilhomme ne voudrait être prêteur." La plupart des boutiquiers étaient des esclaves ou d'anciens esclaves, et les Romains les tenaient en piètre estime. Ils estimaient qu'un marchand était capable de se vendre lui-même si on lui offrait un bon prix.

Un des commerces les plus florissants était celui de l'huile. On utilisait l'huile dans les lampes et pour la cuisine, et aussi à la place de savon. De grandes quantités d'huile changeaient de main chaque jour. En l'an 300 de notre ère, il y avait à Rome 2 300 marchands d'huile.

Les fouilles de Pompéi montrent que les boutiques étaient souvent construites à côté de l'habitation du marchand. La villa de l'un d'eux porte l'inscription : *Salut, Profit.*

▲ Un drapier présente du tissu à ses clients.

▲ Orfèvre au travail. On voit une partie des balances accrochées au-dessus de lui.

▲ Cette pharmacienne prépare des médicaments dans sa boutique, aidée d'une servante.

Pain, bouillie et banquets

▲ Poêle à œufs, casserole et louche.

Les Romains ordinaires mangeaient peu de viande. L'aliment principal de la plupart des gens était la farine de froment, dont ils faisaient du pain ou de la bouillie. Les cuisinières romaines ajoutaient des fines herbes, des olives, des légumes et d'autres condiments à leur bouillie pour la relever.

Les Romains se levaient à l'aube et s'arrêtaient de travailler vers trois heures de l'après-midi. Leurs repas étaient adaptés à la journée de travail. Au petit déjeuner, les enfants mangeaient une galette de froment avec du sel, des dattes, du miel ou des olives. Les adultes pouvaient tremper leur galette dans du vin. A midi, les familles modestes prenaient une bouillie de froment.

Les gens riches avaient une alimentation plus variée et mangeaient beaucoup plus de viande que les pauvres. A un dîner de gala, on pouvait servir jusqu'à sept plats. Une petite armée d'esclaves s'affairaient alors autour des convives. Il y en avait toujours un ou deux pour écarter les mouches des aliments avec un éventail en plumes de paon.

Les principaux aliments du citoyen romain ordinaire sont le pain et la bouillie. Les Romains aiment aussi les légumes et les fruits, les œufs et le fromage. Pour sucrer, ils utilisent du miel.

▲ Les denrées alimentaires sont apportées dans la ville de nuit, dans de bruyantes charrettes à roues de bois.

▲ Au camp, les soldats broient eux-mêmes leur blé. Il y a un moulin à main pour dix hommes.

▲ Le Romain qui n'a pas envie de faire la cuisine chez lui peut apporter son repas à cuire au four public.

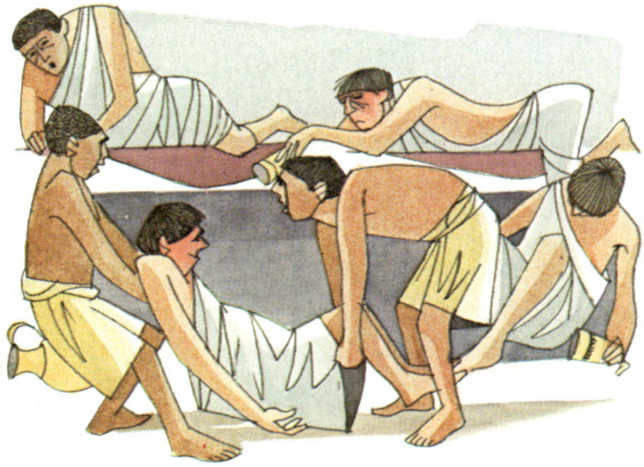

▲ A leurs banquets, souvent les riches Romains mangent et boivent trop.

MENU D'UN BANQUET ROMAIN

HORS-D'ŒUVRE

Méduse et œufs

Mamelles de truie
farcies aux oursins salés

Cervelles
cuites avec lait et œufs

Champignons bouillis
à la sauce de graisse de poisson poivrée

Oursins
aux épices, miel, huile et sauce à l'œuf

PLATS PRINCIPAUX

Daim
rôti avec sauce à l'oignon, rhubarbe, dattes de Jéricho, raisins secs, huile et miel

Autruche bouillie
à la sauce douçe

Loirs
farcis au porc et aux pignes de pin

Jambon
bouilli avec figues et cuit en croûte avec du miel

Flamant
bouilli aux dattes

DESSERTS

Fricassée de roses
en croûte

Dattes dénoyautées
farcies de noix et de pignes de pin frites dans le miel

Gâteaux africains chauds au vin doux
avec du miel

Fruits

Conducteurs de chars et gladiateurs

▲ La scène de la course de chars du film *Ben Hur*. Les chars sont tirés par deux ou quatre chevaux. Très léger, le char n'est équilibré que par le poids de son conducteur et se retourne facilement. Dans ce cas, le conducteur peut être traîné derrière les chevaux pendant le reste de la course et ne survit que par miracle.

Courses de chars

Les compétitions athlétiques comme les jeux Olympiques grecs n'étaient guère populaires à Rome. Les Romains préféraient une autre sorte de sport, les courses de chars. Celles-ci les passionnaient autant que nous le sommes aujourd'hui par le foot-ball. Une course de chars comportait toujours quatre équipes, les Blancs, les Verts, les Bleus et les Rouges. L'assistance romaine pariait gros sur chacune d'elles.
Comme nos chanteurs modernes, les conducteurs de chars arrivaient à gagner d'énormes sommes d'argent. Le peuple romain les adorait et les traitait en héros. Certains conducteurs célèbres pouvaient s'enorgueillir de plus de mille victoires, mais d'autres se tuaient au bout de quelques courses.

Les gladiateurs

Dans l'amphithéâtre se déroulait une forme de "distraction" bien plus terrible. Des gladiateurs, ou bien des hommes et des bêtes sauvages, combattaient jusqu'à la mort devant des milliers de spectateurs. Criminels, prisonniers et plus tard chrétiens étaient jetés dans l'arène pour y affronter des lions et des tigres préalablement privés de nourriture.
Ces exhibitions furent des siècles durant les spectacles favoris des Romains. La populace était sans pitié pour le gladiateur blessé. Il devait être tué car un gladiateur estropié n'était plus bon à rien.
Le plus grand amphithéâtre du monde romain fut le Colisée. Son inauguration, en 80 de notre ère, fut célébrée par cent jours de jeux ininterrompus.

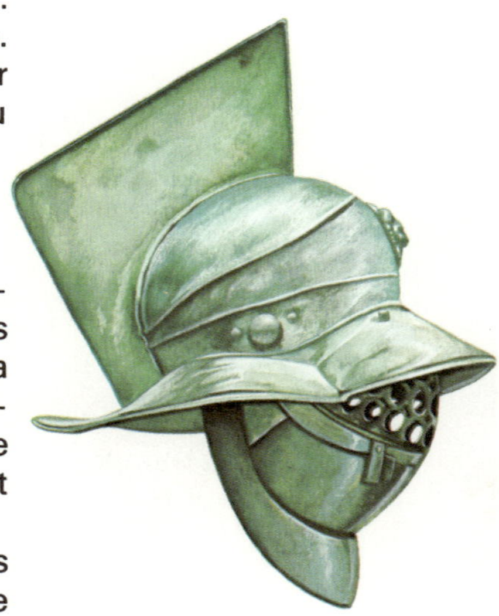

▲ Ce casque de gladiateur est plus un ornement qu'une protection. Celui qui le porte voit très mal à travers la visière.

▲ Afin que le combat soit plus intéressant pour les spectateurs, chaque gladiateur combat avec des armes différentes.

Le Colisée

▲ Le Colisée tel qu'il apparaît aujourd'hui.

1. Passage circulaire au sommet de la muraille extérieure, le long de laquelle sont postés des archers.
2. Sorties ou *vomitoria.*
3. *Velum* pour protéger du soleil.
4. Colonnes de bois soutenant le *velum.*
5. Socles en pierre des colonnes de bois.
6. Loge de l'Empereur.
7. Entrée des animaux.
8. *Podium,* dont les spectateurs importants pouvaient faire le tour.
9. Grande entrée des gladiateurs.
10. Statues des dieux dans des niches.
11. Revêtement de marbre des murailles extérieures.

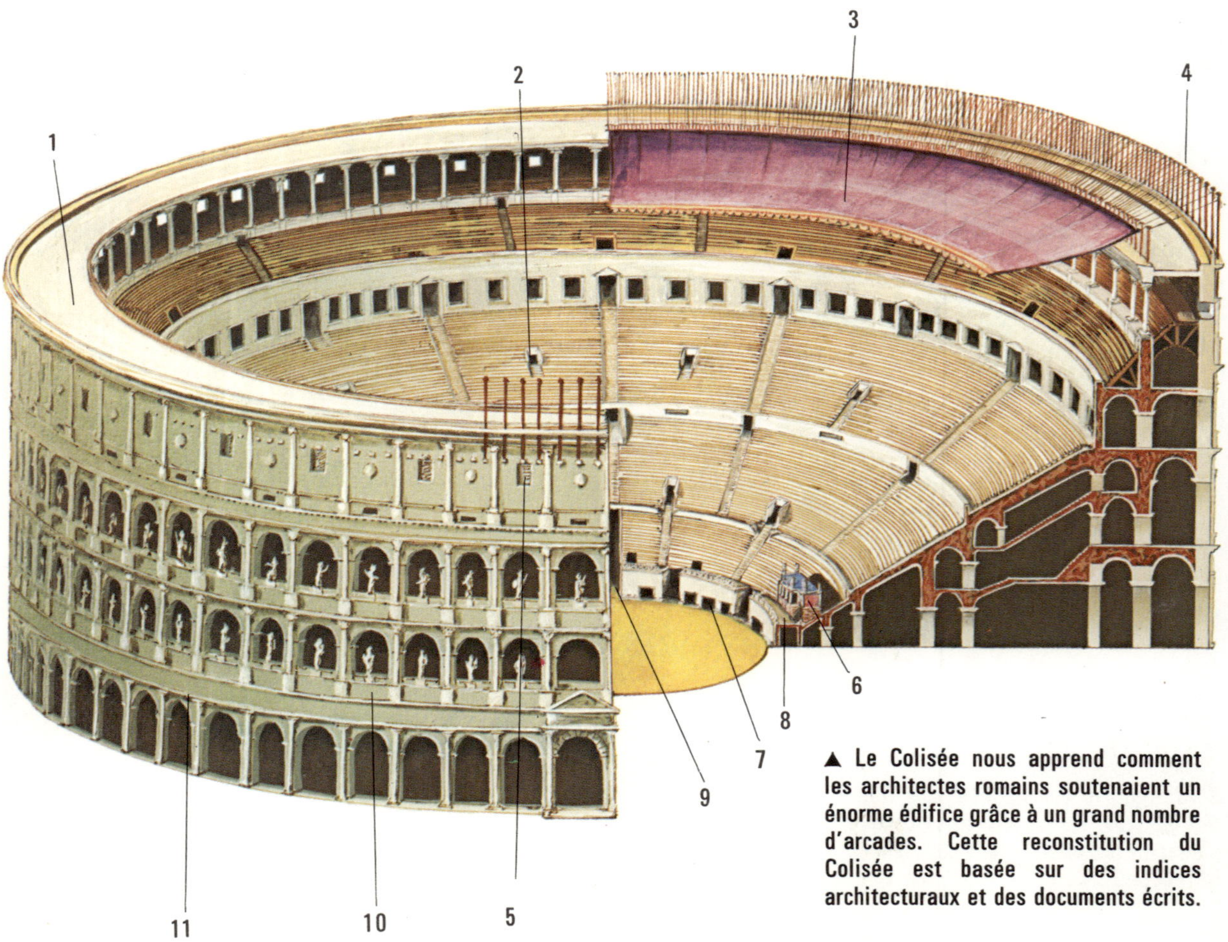

▲ Le Colisée nous apprend comment les architectes romains soutenaient un énorme édifice grâce à un grand nombre d'arcades. Cette reconstitution du Colisée est basée sur des indices architecturaux et des documents écrits.

C'est l'empereur Vespasien qui entreprit la construction du Colisée. Mais il ne fut achevé que sous le règne de ses fils, Titus et Domitien.
Le Colisée est un exemple de l'habileté des architectes romains. Il fut bâti sur l'emplacement d'un lac qui avait appartenu à l'empereur Néron. L'architecte devait d'abord l'assécher. Il construisit des canalisations en pierre qui drainèrent les eaux du lac jusqu'au Tibre.
Le Colisée devait contenir environ 55 000 personnes. Une telle foule risquait d'être turbulente et difficile à maîtriser; l'architecte eut donc à prévoir l'évacuation rapide et sûre de l'amphithéâtre après le spectacle. Il construisit 80 *vomitoria,* larges sorties en escaliers. Toute l'assistance pouvait grâce à elles quitter le bâtiment en trois minutes environ.
Les spectateurs étaient assis sur des gradins qui s'élevaient de l'arène au pourtour supérieur, situé à près de 50 mètres au-dessus du *podium* de l'Empereur. Une coursive encerclait le sommet du bâtiment, et des archers s'y tenaient, prêts à abattre tout fauve échappé.
Pour bâtir le Colisée, on utilisa le marbre, le tuffeau et le ciment. Il fut splendidement décoré. Il avait des couloirs dorés, des plafonds peints et des murailles aux mosaïques de pierres précieuses.

▲ Mosaïque romaine représentant deux hommes avec un rhinocéros qu'ils ont capturé pour l'amener à Rome. Des quantités d'animaux sauvages sont capturés et tués à l'occasion des jeux romains.

▼ Cette mosaïque, découverte en Tunisie, montre deux gladiateurs tuant un léopard. Les combats ont lieu entre différentes sortes d'animaux et entre hommes et animaux.

La construction des aqueducs

Quand les Romains eurent découvert de la bonne pierre calcaire, leurs constructions devinrent plus ambitieuses. Des ingénieurs conçurent de grands aqueducs pour apporter de l'eau douce à Rome.

Deux des aqueducs les plus importants étaient l'*Aqua Claudia* et l'*Aqua Marcia.* Le premier mesurait 69 km de long. L'eau traversait les collines par 55 km de canaux souterrains. Puis elle sortait du flanc de la colline pour être transportée jusqu'à la ville dans des canalisations supportées par de grandes arches.

▼ Reconstitution de l'*Aqua Claudia* et de l'*Aqua Marcia.* Des équipes d'esclaves sont au travail sur l'*Aqua Claudia.* L'*Aqua Marcia* forme une boucle et passe sous l'*Aqua Claudia.* A l'horizon apparaît la ville de Rome.

Il fallait une immense quantité de travailleurs pour exécuter les grandioses projets des Romains. Il s'agissait presque uniquement d'esclaves capturés ou vaincus lors d'une des nombreuses guerres de Rome. Certains étaient instruits et prenaient de l'importance au cours des travaux. Ces esclaves devaient aussi réparer les aqueducs endommagés et installer les tuyaux qui fournissaient l'eau aux maisons particulières.
Les constructeurs employaient des grues et des poulies pour mettre en place les grands blocs de pierre. Des équipes d'esclaves extrayaient la pierre des carrières et faisaient marcher les appareils. C'était auprès des Grecs que les ingénieurs romains avaient appris l'usage des grues et des poulies.

La cité de Rome

Le *Forum Romanum* tel qu'il nous apparaît aujourd'hui. A l'arrière-plan, le Colisée et l'arc de Titus. A gauche, le temple de Vesta.

C'était, en général, l'Empereur qui était responsable des grandes constructions. Les empereurs qui bâtissaient aqueducs et amphithéâtres étaient assurés de leur popularité chez les citoyens romains.

Les constructeurs romains utilisaient la pierre, la brique, le marbre, le granit et le bois. Des péniches transportaient ces matériaux sur le Tibre. Les Romains inventèrent le ciment, mélange de moellons, de sable et d'eau. Les constructions étaient régulièrement entreprises, surtout après une période de destruction comme le grand incendie du règne de l'empereur Néron.

Nombre de beaux édifices s'élevaient près du *Forum,* principal centre des affaires de la cité. Là se trouvaient les boutiques, les marchés et les lieux de réunion.

Les empereurs édifiaient souvent des constructions pour commémorer leur propre grandeur. Beaucoup d'entre elles subsistent. Vespasien a édifié le Colisée, Trajan une colonne dont le sommet est orné de sa statue, Jules César et Auguste chacun un forum. Auguste a aussi bâti des théâtres, des bains, des bibliothèques, des temples et des entrepôts à grain. Il a dit : "J'ai trouvé une cité de briques et la laisse de marbre."

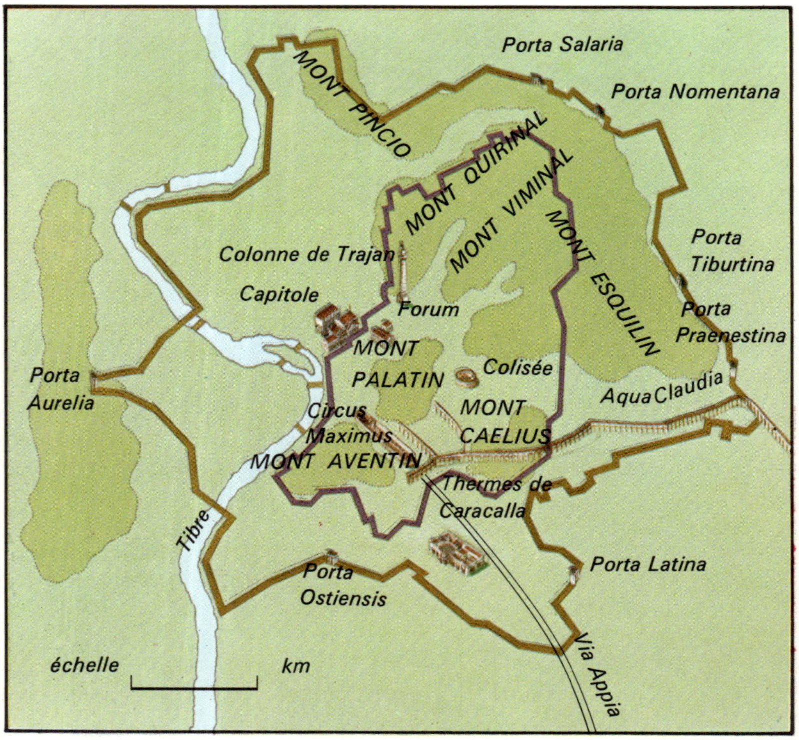

▲ Plan de Rome où figurent certains édifices importants. En rouge foncé, la muraille primitive; en brun, la muraille postérieure.

Une propriété de campagne

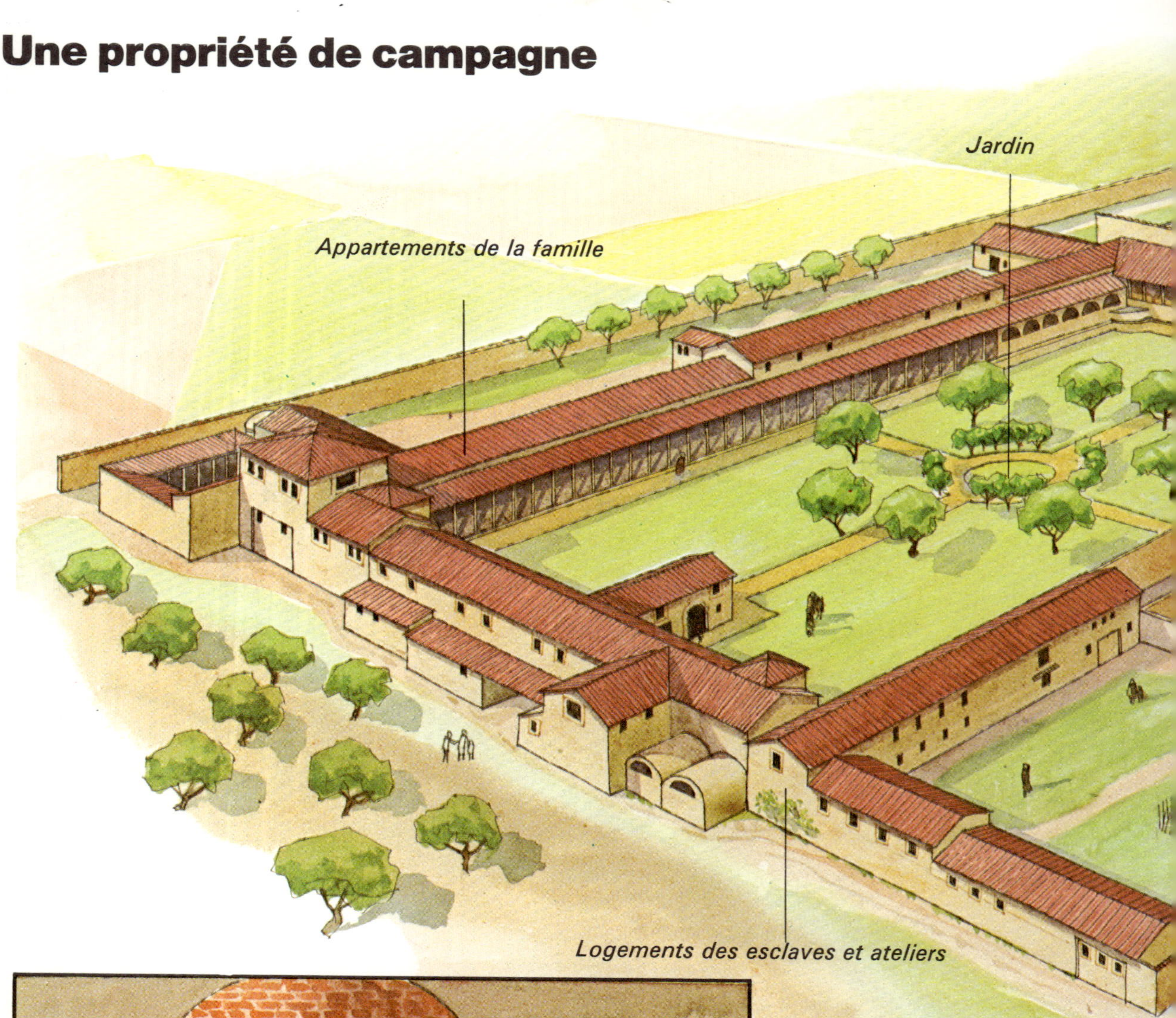

▲ Le blé est moulu en farine dans un moulin de pierre que fait tourner un âne. Les pains sont mis à cuire dans un four en briques.

▶ Le foulon nettoie l'étoffe qui vient d'être tissée en la piétinant dans un bac de terre à foulon. Son aide essaie d'en rendre la surface lisse.

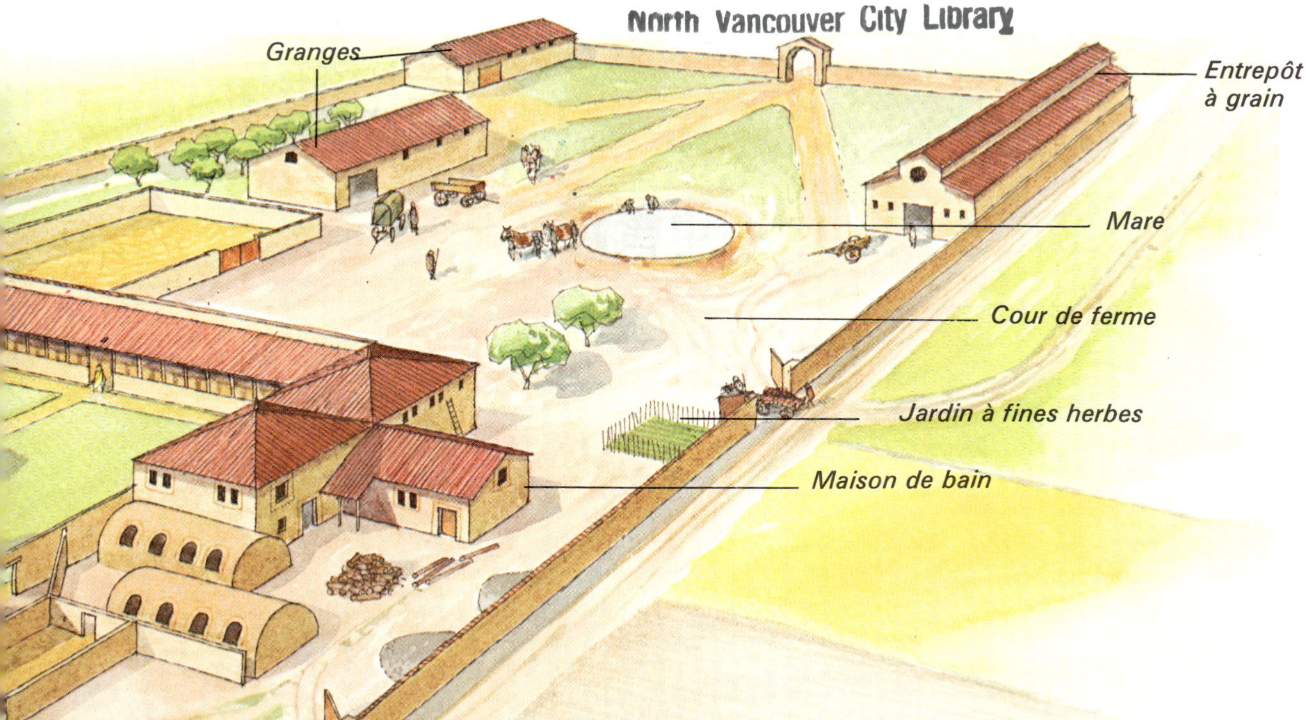

La propriété de campagne d'un riche Romain ressemblait davantage à un petit village qu'à une simple maison. Une grande propriété se suffisait entièrement à elle-même. La ferme fournissait toute la nourriture dont avait besoin le propriétaire et ses ouvriers. Le domaine avait ses propres vignes et ses oliveraies.

Outre les bâtiments de ferme, il y avait des ateliers où d'habiles artisans fabriquaient tout ce qu'il fallait au domaine, denrées alimentaires, vêtements, outils, harnachements et charrettes. Le propriétaire employait aussi bien des hommes libres que des esclaves comme artisans et agriculteurs. En son absence, le domaine était dirigé par un régisseur *(villicus)* et sa femme *(villica).*

▲ Tout grand domaine a son propre forgeron qui fabrique tous les outils de fer. Au fond, l'apprenti entretient le feu de la forge.

▲ Le charpentier du domaine scie une planche avec une scie à arc. On peut voir encore aujourd'hui à Pompéi des peintures représentant les outils du charpentier.

▲ La plupart des récipients servant à cuire et à présenter les aliments sont faits en poterie d'argile. Un grand domaine possède en général son propre potier.

Routes et voyages

A mesure que s'étendait leur Empire, les Romains construisirent un vaste réseau de routes. Les premières grandes routes romaines, comme la *Via Appia,* reliaient Rome à d'autres régions de l'Italie. Quand les soldats romains conquirent des pays en dehors de l'Italie, ils construisirent d'autres routes. Celles-ci leur permettaient de se déplacer sûrement et rapidement à travers ces régions qu'ils venaient de soumettre.

Mais les soldats n'étaient pas seuls à se rendre en des points éloignés de l'Empire. Les fonctionnaires devaient partir administrer les nouvelles provinces. Les commerçants allaient y acheter diverses marchandises qu'ils rapportaient à Rome. Ainsi, bien que les routes aient d'abord été construites pour l'armée, fonctionnaires et

COUPE TRANSVERSALE D'UNE ROUTE ROMAINE

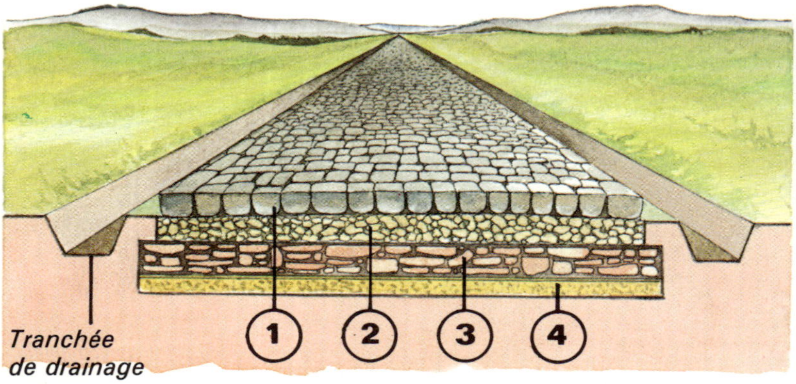

1. La couche supérieure est faite de blocs de pierre joints par du ciment.
2. Ciment, fait de cailloux ou de gros sable mélangés de chaux.
3. Ciment de chaux mélangé à de la pierre cassée.
4. Mortier de chaux ou sable, étalé pour former une base plane.

commerçants ne tardèrent pas à les emprunter.

En voyageant à pied sur l'une des grandes routes romaines, on était dépassé par des chariots, des chars, des voitures de commerçants et des processions de serviteurs accompagnant leurs riches maîtres. On se trouvait en compagnie des gens modestes qui marchaient ou se déplaçaient à dos de mulet.

Les routes grouillaient d'activité près des villes. Plus loin, il y avait bien moins de trafic. On évitait de voyager de nuit à cause des voleurs. Les auberges qui se dressaient au bord des routes leur servaient d'ailleurs souvent de repaire et les voyageurs ordinaires préféraient ne pas y dormir. Ils s'arrêtaient chez des amis ou couchaient dans leurs voitures.

▲ Route romaine comme on peut encore en voir aujourd'hui dans différentes régions de France. Ici, en Angleterre.

▼ Les Romains ont construit un réseau de routes à travers leur empire.

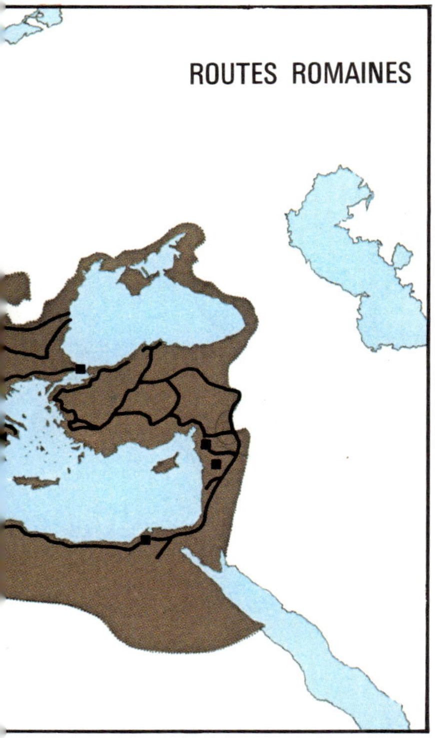

▼ Les charrettes des paysans ont de solides roues en bois. Elles sont en général tirées par des bœufs.

▼ Pour de longs voyages, on utilise une charrette couverte, tirée par des mulets.

▼ Les chars légers servent aux courses.

Navigation et commerce

Les terres cultivées qui entouraient Rome ne pouvaient à elles seules nourrir son million d'habitants.
Au temps de Jules César, on importait des marchandises de l'étranger. De grandes cargaisons étaient déchargées dans le port d'Ostie, puis rechargées sur des péniches qui remontaient le Tibre jusqu'à Rome. Chaque jour, des navires marchands venant de tous les coins de l'Empire débarquaient à Ostie. Certains faisaient même l'aller et retour jusqu'en Inde, bien que la traversée durât un an.
Les commerçants utilisaient aussi le vaste réseau routier de l'Empire. Ils transportaient non seulement des marchandises, mais aussi des renseignements sur de nouveaux procédés de fabrication.

▼ Les navires marchands des Romains sont larges et profonds afin de transporter d'importantes cargaisons de grain. Les rames sont utilisées seulement en l'absence de vent.

Cette carte montre les marchandises produites à l'intérieur et autour de l'Empire romain. Les matières premières comme les métaux et les peaux viennent du Nord, les denrées alimentaires du Sud.

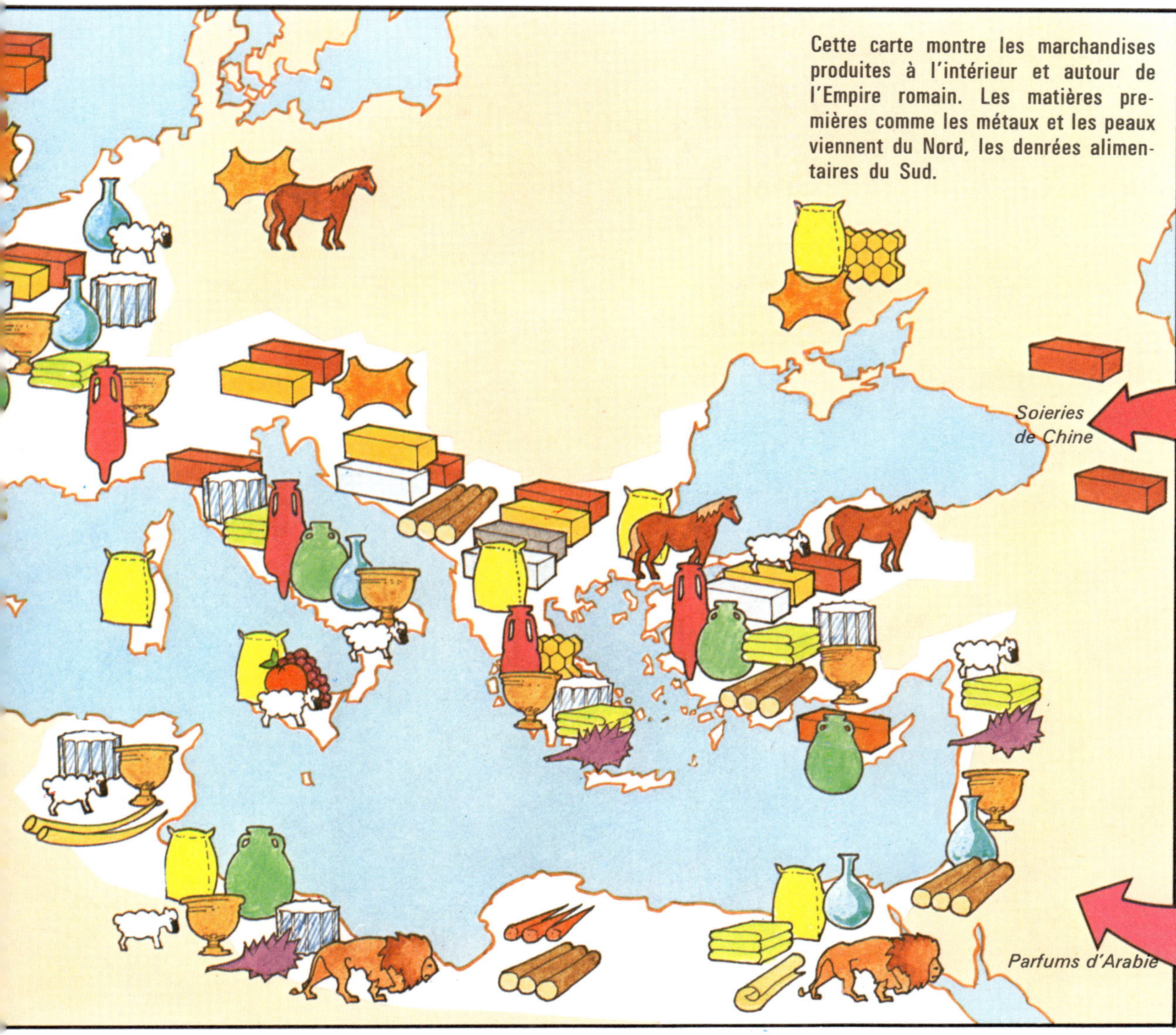

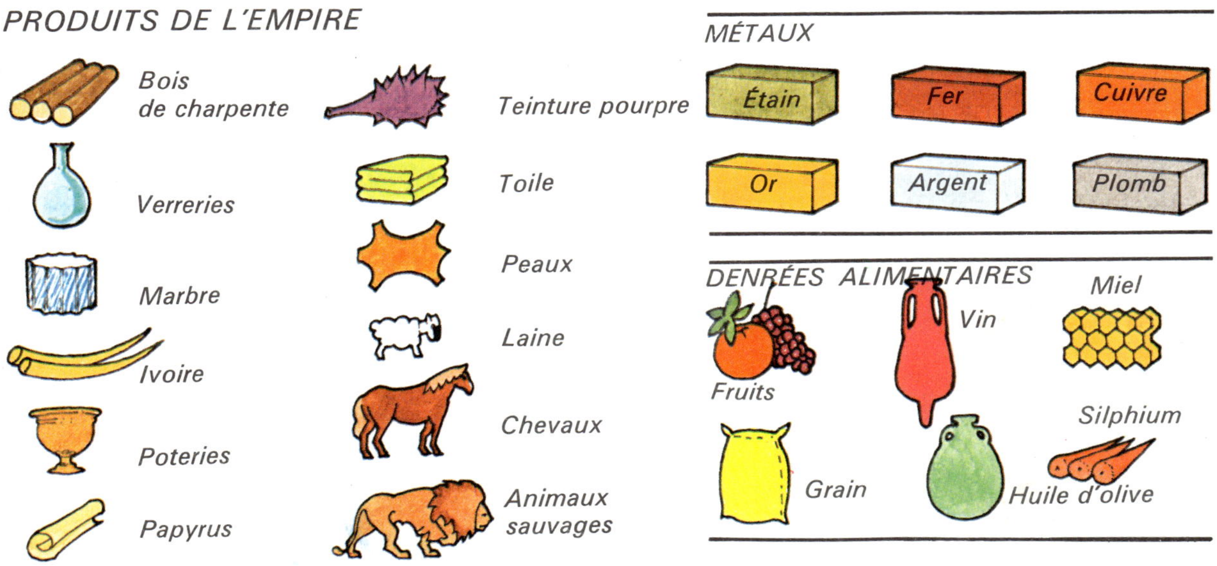

La vie d'un soldat

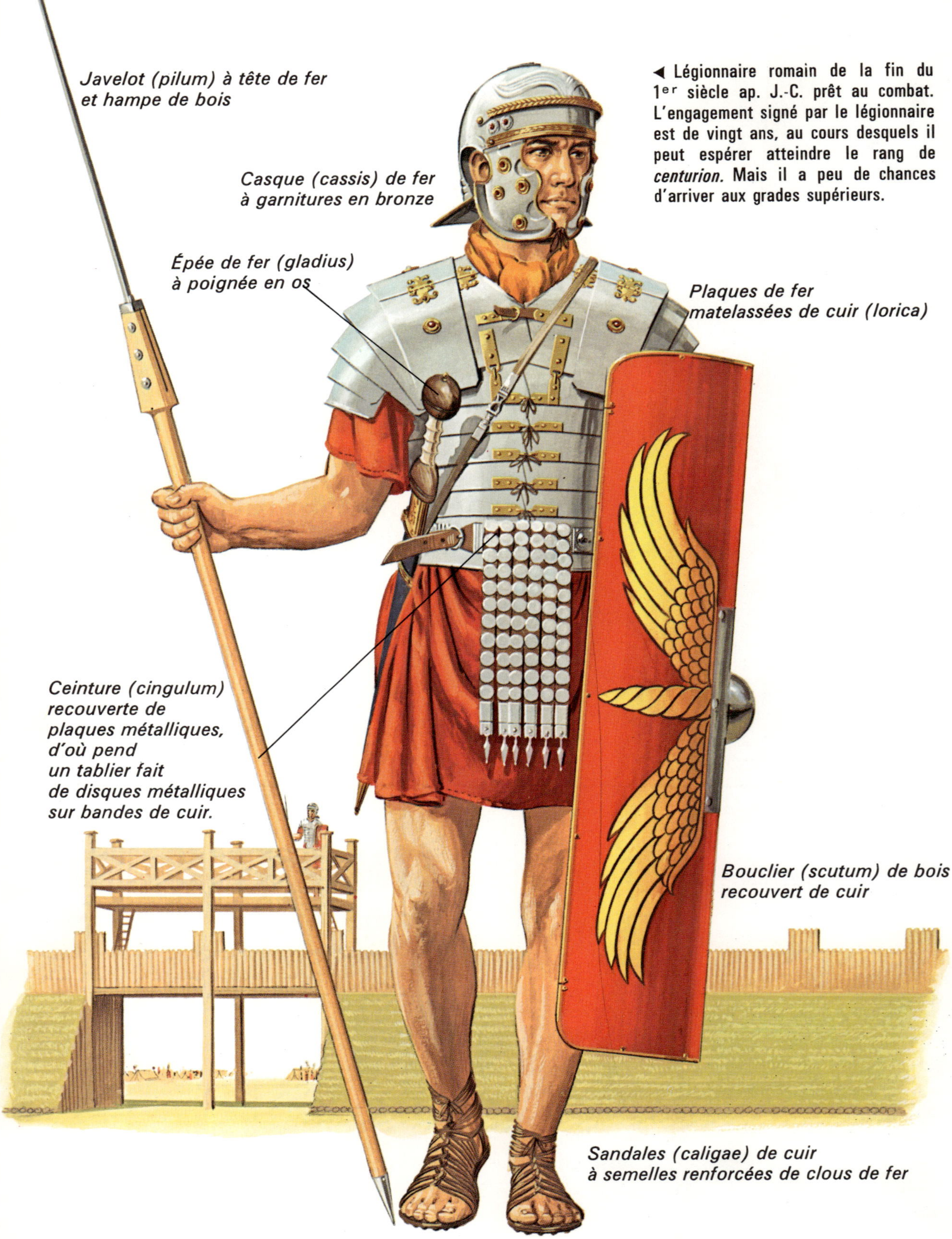

◀ Légionnaire romain de la fin du 1er siècle ap. J.-C. prêt au combat. L'engagement signé par le légionnaire est de vingt ans, au cours desquels il peut espérer atteindre le rang de *centurion.* Mais il a peu de chances d'arriver aux grades supérieurs.

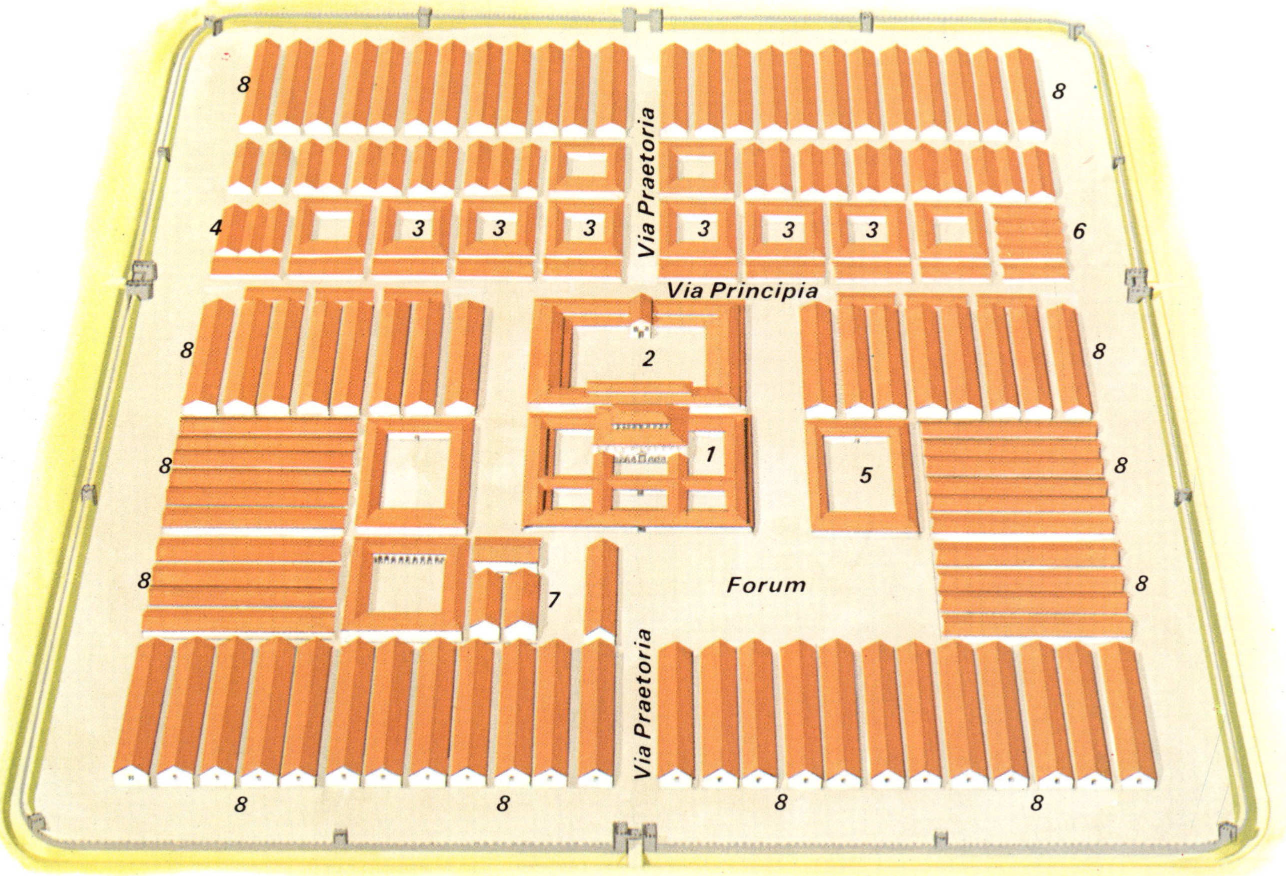

Pour faire campagne et protéger ses frontières, l'Empire romain avait besoin d'une armée puissante et efficace. Les jeunes Romains apprenaient à combattre dès l'enfance, aussi l'armée disposait-elle toujours de soldats.
Sous l'Empire, la plupart des soldats étaient des volontaires. Ils s'enrôlaient parce qu'ils le voulaient, non parce qu'ils y étaient obligés. Pour être légionnaire, il fallait être citoyen romain et mesurer au moins 1,75 m de haut. Une fois pris, on était envoyé dans un camp et entraîné à la marche, à l'équitation, à la natation et au combat.
En temps de guerre, la vie de soldat était un mélange de camping, de longues marches, de terribles combats et de pillages. Les soldats devaient non seulement se battre, mais construire camps et ponts, élever des fortifications, faire et réparer des routes, voire ensemencer des champs avec les graines qu'ils avaient emportées.
En marche, le légionnaire devait couvrir environ 30 km ou davantage par jour. Il transportait assez de grain pour une quinzaine de jours, un panier, un pic, une hache, une scie, une marmite, deux pieux pour la palissade du camp, ainsi que son armure et ses armes. Des centaines de mulets portaient les tentes, des armures supplémentaires et des armes de siège.

▲ Quand les légionnaires sont affectés quelque part de façon permanente, ils vivent dans une forteresse comme celle-ci, aux constructions en pierre.

1. *Praetorium,* ou *domus legati* (maison du légat). Le légat est le commandant de toute la légion.

2. *Principia,* ou quartier général de la légion.

3. Demeures des six tribuns. L'un d'eux commande en second après le légat. Les autres ont des emplois administratifs.

4. *Carcer* (prison).

5. Hôpital.

6. *Schola* (centre d'instruction).

7. Entrepôt à grain.

8. Cantonnements où vivent les légionnaires.

Un siège

Pour prendre les villes ennemies, l'armée romaine a perfectionné la technique des sièges. L'armée assiégeante construisait des tours, des rampes et des échelles d'escalade. A l'arrière-plan de l'illustration une rampe conduit à une tour de siège, du sommet de laquelle des soldats peuvent traverser la muraille de la ville. La tour est recouverte de peaux pour l'empêcher de prendre feu.
Une *testudo* ou "tortue" de légionnaires avance vers la porte de droite. Les soldats de la tortue portent leur bouclier au-dessus de leur tête, formant ainsi une carapace protectrice contre les javelots ennemis. Au premier plan, une grande catapulte envoie des boulets ou des flèches enflammées dans la cité assiégée. Les deux murailles et le fossé de gauche ont été faits par l'armée assiégeante afin d'empêcher d'autres armées de venir à l'aide des gens de la ville.

Dieux et sacrifices

Beaucoup de gens croient que les Romains ont plagié la religion grecque et adopté les dieux et les déesses des Grecs sous des noms différents. Cependant, les Romains ne contaient pas d'histoires sur les mariages et les aventures de leurs dieux. Les dieux romains ressemblaient davantage à de lointaines puissances et moins à des hommes et femmes ordinaires que les dieux grecs.
Les Romains adoraient des dieux comme Jupiter, Mars et Apollon, et des déesses comme Junon, Minerve et Vénus. Ils adoraient aussi des divinités gardiennes du logis, les *Lares* et les *Pénates,* pour lesquelles un autel était élevé dans chaque maison.

▶ Ce relief représente l'empereur Constantin (au centre) célébrant une victoire militaire. Il va sacrifier aux dieux un cochon, un mouton et un taureau. Cette cérémonie est appelée *Suovetaurilia*, des mots latins *sus* (cochon), *ovis* (mouton) et *taurus* (taureau). Remarquez les étendards militaires, les guirlandes et le joueur de flûte.

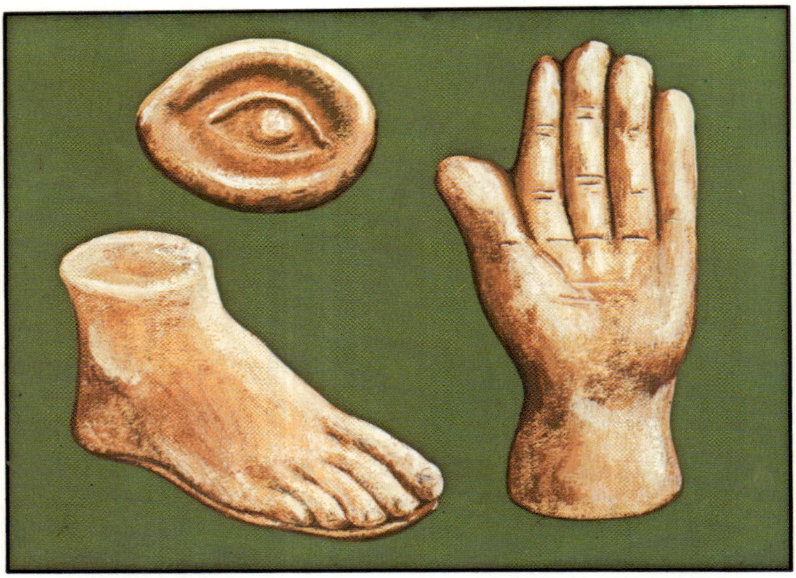

◀ Quand un malade ou un blessé est rétabli, il offre aux dieux, en signe de reconnaissance, une reproduction de la partie de son corps qui a guéri.

Tout événement public comportait des sacrifices aux dieux, mais leur culte était surtout célébré dans les temples. Chaque dieu avait le sien. Les simples citoyens pouvaient assister aux cérémonies dans les temples mais n'y participaient guère. C'étaient les prêtres et les magistrats qui les accomplissaient, suivant l'ancienne coutume.
A l'époque de Cicéron, le Romain instruit n'était plus très religieux. Certains temples à l'abandon tombaient en ruine. Les gens s'y rendaient encore pour demander une faveur au dieu en lui promettant un cadeau en échange. La religion était une sorte de marché : "Fais quelque chose pour moi, je ferai quelque chose pour toi. "Plus tard, on prit l'habitude d'adorer l'empereur lui-même comme un dieu.

▲ Les Romains croyaient en la magie. Ce modelage représentant une main porte des emblèmes magiques pour écarter le mauvais œil.

L'histoire de Rome

753 av. J.-C. Date traditionnelle de la fondation de Rome. Pendant les premières années, Rome est gouvernée par des rois. Après la déposition du dernier roi, Tarquin le Superbe, en 509, Rome devient une république. Deux consuls se partagent les pouvoirs du roi. Parmi les citoyens de Rome commencent à se distinguer deux classes : celle des riches patriciens et celle des pauvres plébéiens.
La cité grandissant, les Romains protègent leurs frontières en conquérant leurs plus proches voisins. Puis ils combattent les tribus voisines de leurs nouvelles frontières. En 250 av. J.-C., ils dominent toute l'Italie et commencent à se battre au-delà. Pendant ce temps, le droit romain est couché par écrit sous la forme dite lois des Douze Tables et les plébéiens engagent une longue lutte pour obtenir les mêmes droits que les patriciens.

▲ Les Romains se battent pour défendre leurs frontières.

146 av. J.-C. Les armées romaines détruisent la ville de Carthage, après trois guerres consécutives contre cette république rivale. Une fois Carthage vaincue, Rome augmente ses possessions outre-mer et devient encore plus puissante. Cependant, à Rome même des émeutes éclatent entre les nobles et la plèbe. Rome a réduit en esclavage ses prisonniers de guerre. En 120, le Sud de la Gaule est soumis et prend le nom de *Provincia.* En 73 av. J.-C., il y a une terrible révolte d'esclaves sous le commandement du gladiateur Spartacus. Elle est férocement réprimée par l'armée.

▲ Le gladiateur Spartacus dirige une révolte d'esclaves.

La politique romaine sombre dans le chaos. Deux puissants généraux, Pompée et Jules César, essaient de s'emparer du pouvoir. Après avoir été alliés, César et Pompée se retournent l'un contre l'autre. Pompée est tué et, en 45 av. J.-C., Jules César est seul à gouverner Rome. Entre 58 et 51, il avait soumis peu à peu l'ensemble de la Gaule. Le Sénat complote son assassinat de crainte qu'il ne veuille à son tour devenir roi.

44 av. J.-C. César est poignardé à mort le 15 mars. Son ami Marc-Antoine et son neveu Octave attaquent et écrasent les conspirateurs. En 33 av. J.-C., Antoine et Octave s'opposent. Antoine est vaincu au combat. Octave devient chef de l'État et finalement le premier empereur, Auguste. Auguste est un souverain avisé. Il met sur pied un service civil pour assurer le fonctionnement quotidien de l'Empire; il donne de nouveaux et importants emplois à des affranchis et même à des esclaves. Il est aussi aimé du peuple et améliore la ville en construisant des temples, des

▲ Jules César est poignardé à mort dans le Sénat.

bibliothèques, des théâtres et des bains publics. Et, surtout, il maintient la paix à l'intérieur de l'Empire.

14 de notre ère. Auguste meurt, et son beau-fils Tibère, déjà âgé de cinquante-cinq ans, lui succède. Tibère est habile mais cruel. Toute personne soupçonnée de trahison est exécutée. Il passe les dernières années de sa vie dans la retraite et peu à peu l'administration romaine se dégrade.
Après la mort de Tibère, l'empereur Caligula gouverne avec une telle cruauté que chacun le considère comme fou. Il est assassiné par ses propres gardes en 41, et son oncle Claude lui succède.

▲ L'empereur Claude est empoisonné par son épouse.

43 de notre ère. Claude envahit l'Angleterre et annexe à l'Empire la partie sud de l'île. Beaucoup de grandes villes impériales sont devenues d'importants centres commerciaux et veulent participer davantage au gouvernement. Claude accorde la citoyenneté romaine à quelques-uns de leurs notables.

En 54, Claude est empoisonné par sa femme, et le fils de celle-ci, Néron, devient empereur. On raconte que Néron jouait de la lyre au cours de l'incendie qui détruisit presque entièrement Rome en 64. Néron fut d'ailleurs soupçonné d'avoir lui-même mis le feu, mais il en rendit responsable les chrétiens, et il en envoya un grand nombre à la mort. Néron fut obligé de se suicider en 69.

161 de notre ère. Marc-Aurèle devient empereur. Jusqu'en 180 l'Empire continue à s'étendre, mais ses meilleures années sont terminées. De nombreux empereurs se succèdent. Beaucoup sont déposés ou tués par l'armée. En 252, des tribus barbares commencent à envahir l'Empire.

335 de notre ère. L'empereur Constantin se fait baptiser sur son lit de mort et, après des années de persécution, le christianisme devient la religion officielle de l'Empire.

410 de notre ère. Les Goths mettent à sac la ville de Rome. Les légions sont rappelées. En 455, Rome est saccagée une deuxième fois par les Vandales.

476 de notre ère. Un chef goth, Odoacre, dépose le dernier empereur de Rome et se proclame roi d'Italie. L'Empire d'Occident est détruit. L'Empire subsiste à l'est avec Byzance pour capitale. En 1453, l'Empire d'Orient sera envahi par les Turcs ottomans.

Chute d'un empire

Les Romains ont construit un Empire presque sans s'en rendre compte. Ils ont conquis leurs proches voisins pour assurer la sécurité de leurs frontières. Puis ils ont combattu et vaincu de nouveaux ennemis sur leurs nouvelles frontières.

Qu'est-il donc arrivé quand l'Empire romain a commencé à s'effondrer? Les Romains se rendaient-ils compte que leur monde approchait de sa fin? Tout semblait fonctionner comme d'habitude : les soldats continuaient à combattre les tribus barbares sur les frontières; le Sénat se réunissait toujours à Rome; et il y avait toujours des spectacles auxquels assister ou des processions à contempler.

Pourtant, des tribus barbares commençaient à envahir des territoires romains sans être chassées. Les gardes de l'Empereur essayaient de vendre le trône au plus offrant. Il y avait des révoltes et des guerres civiles. Des empereurs étaient assassinés.

Les Romains durent bientôt verser aux chefs barbares d'importantes sommes d'argent pour arrêter leurs attaques aux frontières. Les citoyens à leur tour durent payer de lourds impôts. Les prix montaient. L'Empire était presque en faillite. Des épidémies de peste et une terrible famine aggravèrent les choses.

A la fin du 3e siècle de notre ère, l'empereur Dioclétien essaya d'arrêter la débâcle en instituant deux empereurs, l'un pour gouverner l'Est, l'autre pour gouverner l'Ouest. En 330, Constantin déplaça la capitale de l'Empire de Rome à Byzance. En 395, l'Empire se scinda en deux états séparés. L'Empire d'Orient demeurait puissant et devait encore durer un millier d'années.

Des barbares du nord se répandirent dans l'Empire d'Occident. La grande ville de Rome fut détruite. Au terme de mille deux cents ans, il n'en restait guère que des ruines.

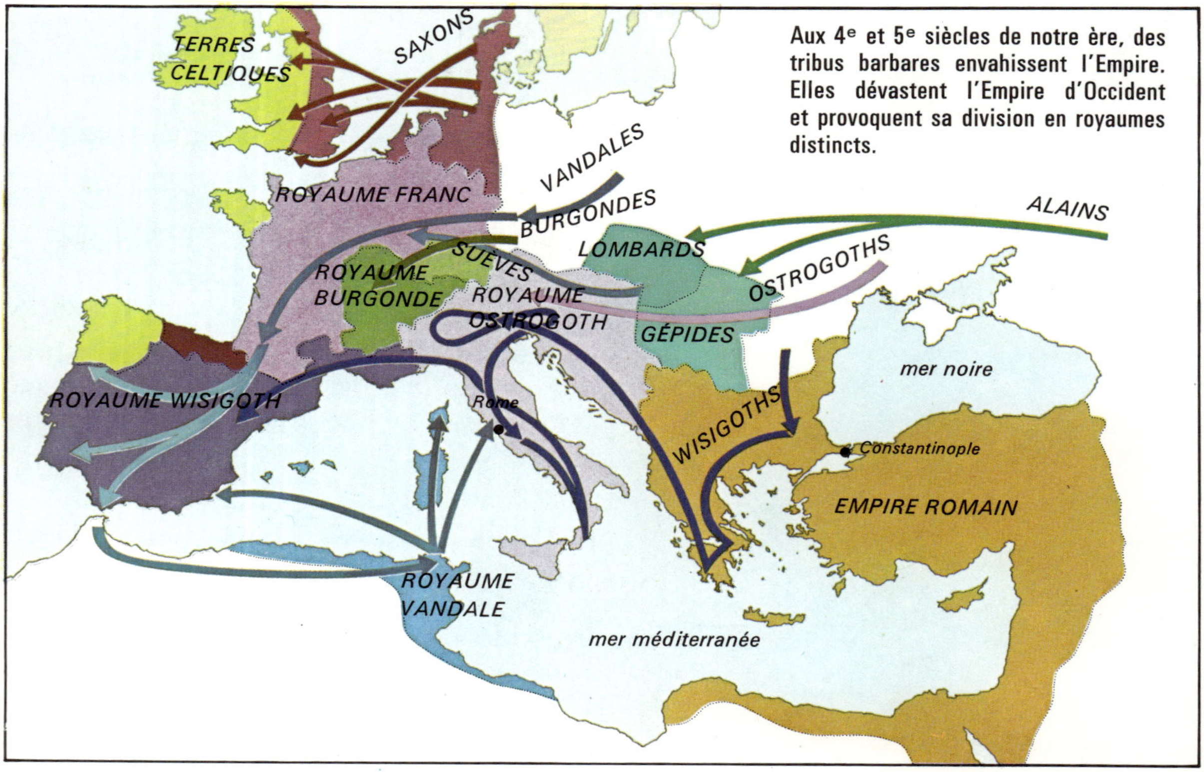

Aux 4e et 5e siècles de notre ère, des tribus barbares envahissent l'Empire. Elles dévastent l'Empire d'Occident et provoquent sa division en royaumes distincts.

L'influence romaine

L'Empire romain d'Occident a cessé d'exister, mais l'influence de la Rome antique est encore puissante dans le monde moderne, comme elle l'a été au cours des siècles. Quand le christianisme est devenu la religion officielle de Rome, l'Église catholique a adopté l'organisation et la tradition romaines. Après la chute de Rome, la puissance de l'Église s'est répandue sur toute l'Europe.

Elle apportait avec elle la conception romaine de l'ordre et la langue latine. L'Église a sauvé de nombreux ouvrages d'écrivains romains. Ces ouvrages furent conservés dans les bibliothèques des monastères. Lors de la création d'écoles et de collèges, les élèves apprenaient le latin et lisaient des textes écrits par des Romains.

Des pays autrefois provinces romaines devinrent des royaumes indépendants. Les envahisseurs apportaient leur propre langue, mais le latin ne fut pas oublié. Les langues des nouveaux royaumes assimilèrent beaucoup de mots de l'ancien monde romain.

L'architecture romaine a toujours été imitée. Dans diverses parties du monde, on peut voir des arcs, des ponts, des aqueducs, des tunnels et des dômes qui doivent leur forme à l'influence romaine. Nous avons aussi hérité les idées romaines sur la société et la vie sociale. Certaines de ces idées venaient des Grecs. Les Romains y ont ajouté leurs propres qualités d'organisation et d'ordre. Grâce à eux, les idées grecques se sont répandues sur une grande échelle.

Le legs le plus important fait au monde par Rome est peut-être son système juridique. Les Douze Tables et les lois écrites de l'empereur Justinien (Code Justinien) constituent toujours la base du droit occidental.

LATIN	FRANÇAIS	ITALIEN	ROUMAIN	ESPAGNOL	PORTUGAIS	ANGLAIS
aqua (aquae)	eau	acqua	apă	agua	água	aquatic
lex (legis)	loi	legge	lege	ley	lei	legal
civis (civis)	citoyen	cittadino	cetătean	ciudadano	cidadão	citizen
communis (is)	commun	comune	comun	común	comun	common
populus (populi)	peuple	popolo	popor	pueblo	povo	popular
nox (noctis)	nuit	notte	noapte	noche	noite	nocturnal
sal (salis)	sel	sale	sare	sal	sal	saline
turris (turris)	tour	torre	turn	torre	torre	turret

La langue latine constitue la base de l'italien, de l'espagnol, du portugais, du français, du catalan, du roumain, du romanche et du provençal. On retrouve aussi beaucoup de mots latins dans le hollandais, l'albanais, l'allemand et l'anglais.

Le tableau ci-dessus donne quelques exemples de mots de langues européennes modernes provenant de mots latins. Le mot entre parenthèses à côté de chaque mot latin est sa forme génitive, ou possessive. C'est parfois le génitif latin qui forme la base des mots dans les langues actuelles.

Les mots italiens, français, roumains et espagnols ont exactement le même sens que les mots latins. Les mots anglais ont un sens très voisin.

Des Romains célèbres

Pompée (106-48 av. J.-C.) était l'un des plus grands généraux romains. En 67 av. J.-C., on lui donna trois ans pour débarrasser la Méditerranée des pirates; il le fit en trois mois. Il fit campagne dans le Moyen-Orient et annexa l'Asie Mineure à Rome. Pompée gouverna d'abord avec César, dont il épousa la fille. Mais à la mort de celle-ci en 54, Pompée et César se disputèrent le pouvoir suprême. César vainquit Pompée à Pharsale en 48. Pompée s'enfuit en Égypte où il fut assassiné.

Jules César (100-44 av. J.-C.) était un grand soldat et un homme politique. Il soumit toutes les tribus guerrières de la Gaule, qu'il annexa complètement. Il aborda en Angleterre en 55 puis en 54.

L'EMPEREUR HADRIEN

Il écrivit un ouvrage célèbre sur ses campagnes. Il devint dictateur de Rome. Quant il apparut que César allait se proclamer roi, ses ennemis décidèrent de le supprimer et il fut assassiné aux ides de Mars, en 44 av. J.-C.

Cicéron (104-43 av. J.-C.) était un remarquable orateur. Juriste compétent, il prononça devant le Sénat des discours enflammés qui lui assurèrent réputation et influence. L'un d'eux entraîna l'exécution sans procès d'un groupe de conspirateurs. Ensuite, il fut envoyé en exil. Plus tard, il se réconcilia avec César et revint à Rome. Il fut assassiné sur l'ordre de Marc-Antoine, après la mort de César.

Marc-Antoine (82-30 av. J.-C.) était l'ami et le bras droit de César. Après la mort de celui-ci, il gouverna l'État romain avec Octave. Il tomba amoureux de la reine Cléopâtre d'Égypte et abandonna son épouse, sœur d'Octave. Cela dressa définitivement les deux hommes l'un contre l'autre. Antoine fut vaincu par Octave à Actium et se suicida ainsi que Cléopâtre.

Auguste (63 av. J.-C.-14 ap. J.-C.), ou Octave, était l'héritier de César. Après la mort de celui-ci, lui et Marc-Antoine gouvernèrent Rome. Après la chute d'Antoine, Octave gouverna seul. Il devint le premier empereur romain, sous le nom d'Auguste, qui était un titre comparable à Votre Majesté. Ce fut un excellent administrateur, qui régna avec sagesse durant quarante ans.

Lucrèce (96-52 av. J.-C.) était un poète et un philosophe. Il écrivit un long poème, *De la Nature des Choses,* qui expliquait le fonctionnement de l'univers, en niant toute intervention divine. L'ouvrage de Lucrèce était basé sur les théories d'Épicure, célèbre philosophe grec.

On prétend que Lucrèce mourut après avoir bu un philtre d'amour empoisonné.

Virgile (70-19 av. J.-C.), fils de paysan, fut peut-être le plus grand poète romain. Ses premiers poèmes, les *Bucoliques,* témoignent de son amour pour son Italie natale. C'était un homme réservé, mais qui devint très célèbre de son vivant. Son œuvre la plus connue, l'*Énéide,* est l'histoire d'Énée le Troyen et de la fondation de Rome. Virgile mourut avant d'avoir achevé son poème, il avait même demandé à ses amis d'en brûler le manuscrit. Cependant l'*Énéide* fut publiée par ordre de l'empereur Auguste.

Horace (65-8 av. J.-C.) était fils d'un affranchi devenu collecteur d'impôts et propriétaire d'une petite ferme. Horace reçut une éducation romaine. Les biens d'Horace furent confisqués après qu'il eut combattu Antoine et Octave et il dut travailler comme secrétaire. Horace est surtout connu pour ses quatre livres d'*Odes.*

Tite-Live (59 av. J.-C.-17 ap. J.-C.) a écrit une histoire de Rome en 142 livres, dont une partie seulement a subsisté. C'est un texte brillant, mais peu exact du point de vue historique. Très patriote, Tite-Live fait l'éloge enthousiaste de tout ce qui est romain.

Tacite (55-116 ap. J.-C.) est un historien dont les deux ouvrages les plus connus, les *Annales* et les *Histoires,* content l'histoire de Rome de la mort d'Auguste à la mort de Domitien. Tacite se souciait beaucoup de la morale publique. Il détestait les premiers empereurs, qu'il accusait de nombreux crimes.

Trajan (53-117 ap. J.-C.), né en Espagne, devint empereur en 98. C'était un administrateur habile et un excellent soldat. Il étendit l'Empire à son maximum. Trajan améliora le gouvernement des provinces romaines et fit prospérer l'Empire. Il fonda un système de secours aux enfants orphelins. Il adopta pour fils Hadrien, également Espagnol, qui lui succéda.

Hadrien (76-138 ap. J.-C.) devint empereur à la mort de Trajan. Il rappela les troupes de quelques-unes des plus lointaines frontières et réduisit l'étendue de l'Empire. Il passa presque tout son temps à parcourir celui-ci et à améliorer ses défenses. Lors d'un séjour en Angleterre, il fit construire la célèbre muraille à travers le pays. Il s'intéressait au droit et souhaitait que les lois fussent les mêmes dans tout l'Empire.

LE GRAND ORATEUR CICÉRON

Carte de l'Empire romain en l'an 117 de notre ère

Carte de l'Empire romain au moment de sa plus grande expansion. A la mort de l'empereur Trajan en 117, les 43 provinces romaines s'étendaient sur cinq millions de kilomètres carrés. Le successeur de Trajan, Hadrien, retira les troupes romaines de Mésopotamie, d'Arménie et d'Assyrie. Il renforça les défenses de l'Empire et bâtit des fortifications le long de toute la frontière septentrionale.
Les noms actuels de certaines villes sont indiqués en italique sous les noms latins.

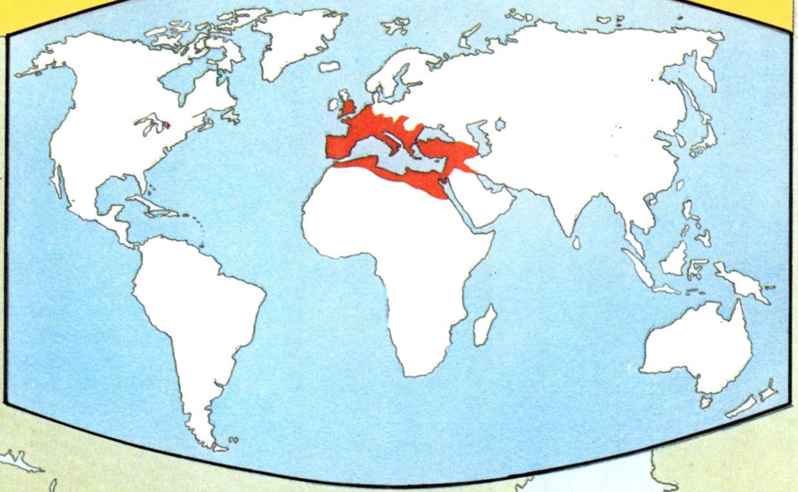

▶ Position de l'Empire romain dans le monde.

L'histoire du monde de 800 av. J.-C. à 500 apr. J.-C

	ROME	EUROPE	ASIE
		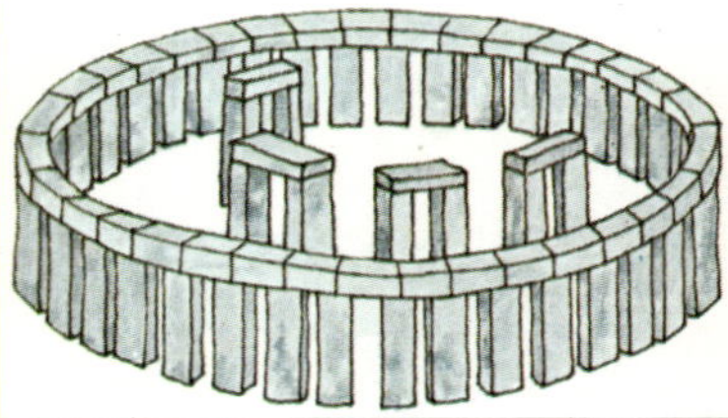	
800 av. J.-C. – 500 av. J.-C.	Rome est fondée par Romulus vers 753. Une cité se développe sur les sept collines auprès du Tibre. Les Romains sont gouvernés par des rois durant deux cent cinquante ans. Les trois derniers rois sont des Étrusques.	Les Étrusques envahissent l'Italie. Au 6e siècle av. J.-C., ils dominent une grande partie du pays. Les Celtes s'établissent en Angleterre et se mettent à commercer avec les Phéniciens. Des colonies grecques prospèrent le long du littoral nord de la Méditerranée. En Gaule sont déjà installés Celtes, Ibères et Ligures.	Le droit chinois est consigné par écrit. La Chine devient une fédération de sept états. La doctrine de la réincarnation se développe en Inde. Bouddha naît en 519 av. J.-C.
500 av. J.-C. – 100 av. J.-C.	Le dernier roi, Tarquin le Superbe, est déposé en 509. Rome devient une république et fonde la Ligue latine. Elle fait la guerre à ses voisins et conquiert peu à peu toute l'Italie. Rome commence à combattre Carthage en 264. Carthage est détruite en 146 av. J.-C.	La guerre éclate entre la Grèce et la Perse. Les cités grecques s'unissent et battent les Perses. Philippe de Macédoine forme une fédération grecque en 336. A sa mort, son fils Alexandre lui succède. Des tribus belges s'établissent au nord de la Gaule.	Confucius enseigne en Chine. Alexandre de Macédoine atteint l'Inde, mais rebrousse chemin sans la conquérir.
100 av. J.-C. – An 1	Les armées romaines conquièrent les pays méditerranéens voisins. Spartacus fomente une révolte d'esclaves en 73. Les Romains abordent en Angleterre en 55 et 54 et, entre 58 et 51, soumettent toute la Gaule. Jules César est assassiné en 44 av. J.-C. La République s'effondre et Auguste devient empereur.	Les Romains gouvernent les pays d'Europe qu'ils ont soumis. La Grèce devient une province romaine, mais Athènes est encore une cité libre. Les Romains occupent tout le sud de la Gaule et fondent ainsi la *Provincia.* De 58 à 51, la Gaule est entièrement soumise.	La dynastie Han règne en Chine. L'enseignement de Confucius est consigné par écrit. Le commerce de la soie se développe avec l'Ouest et des routes caravanières sont ouvertes jusqu'en Perse et jusqu'à Rome.
An 1 – 100 apr. J.-C.	Auguste meurt en 14 ap. J.-C. Son beau-fils Tibère lui succède. L'Empire s'étend. Les cités provinciales demandent à participer davantage au gouvernement et la citoyenneté romaine est accordée à leurs notables. Rome est incendiée et Néron soupçonné d'avoir lui-même mis le feu.	Des tribus celtiques fuient la Gaule romaine et vont se réfugier en Angleterre. L'Angleterre est conquise en 43 ap. J.-C. Il y a des guerres civiles et des troubles. Devenu Empereur en 69, Vespasien rétablit l'ordre.	En Chine, Wang Mang s'empare du trône Han et entreprend des réformes sociales. Des trous de 600 mètres de profondeur sont forés dans les mines de sel du Szu-Ch'uan. Les bouddhistes indiens apportent leur doctrine en Chine. Les Chinois inventent le papier.
100 apr. J.-C. – 500 apr. J.-C.	Hadrien devient Empereur en 117. Il réduit les dimensions de l'Empire et améliore ses défenses. Dioclétien (245-313) désigne deux Empereurs, l'un pour gouverner l'Occident, l'autre pour l'Orient. Des guerres perpétuelles épuisent les ressources de Rome. La ville est mise à sac par les Vandales en 455.	Des tribus barbares commencent à attaquer les frontières de l'Empire au nord de l'Europe. Les Goths traversent le Danube en 376 et s'établissent à l'intérieur de l'Empire. La Gaule est envahie elle aussi. L'Empire d'Occident s'effondre. Wisigoths, Suèves et Vandales fondent leurs propres royaumes.	Un groupe de taoïstes, les "Turbans jaunes", se révolte et provoque l'effondrement de la dynastie Han. Les régions septentrionales sont abandonnées aux envahisseurs barbares.

AFRIQUE	PROCHE-ORIENT	AMÉRIQUE	
			**800**
L'Égypte est envahie par les Assyriens et la ville de Thèbes saccagée. L'Égypte reconquiert bientôt son indépendance. Elle commerce avec la Grèce.	La Palestine est divisée en deux royaumes : celui de Juda et celui d'Israël. Tous deux sont conquis par les Assyriens, qui à leur tour sont renversés par les Mèdes et les Babyloniens. La Perse devient puissante.	Les Olmèques dominent le Mexique. Leurs gouverneurs-prêtres construisent de grands temples. Les Olmèques inventent le calendrier.	**av. J.-C.** **500**
Une industrie du fer se développe dans la cité koushite de Méroé. Les Perses conquièrent et gouvernent l'Égypte. Les Grecs aident les Égyptiens à vaincre les Perses. Alexandre construit la ville d'Alexandrie.	L'Empire perse s'étend. La Perse essaie de conquérir la Grèce mais elle est repoussée. Elle est conquise à son tour par Alexandre de Macédoine cent cinquante ans plus tard.	Les Mayas s'emparent de Monte Albar, ville des Olmèques et des Zapotèques. La religion du Jaguar et la coutume des sacrifices humains sont établies.	**av. J.-C.** **100**
Les Ptolémée sont pharaons d'Égypte. Cléopâtre rencontre Jules César, et plus tard Marc-Antoine. Antoine est battu à Actium par Octave (Auguste). Les peuples Bantous se répandent dans le Sud et l'Est de l'Afrique.	La culture et l'influence grecques se répandent au Proche-Orient. Rome conquiert toute la région, y compris la Palestine. Jésus-Christ naît à Nazareth.	Au Pérou, se développe la culture des Paracas. Ils font de magnifiques tissus.	**av. J.-C.** **An 1**
L'Égypte est annexée à l'Empire romain. Auguste défend aux sénateurs de se rendre en Égypte sans sa permission.	Les Juifs se révoltent contre les Romains en 66. Ils sont écrasés.	Les premiers colons Mayas entreprennent la construction de temples et de pyramides. Les Toltèques édifient la grande cité de Teotihuacán au Mexique.	**100**
Le christianisme s'infiltre en Égypte par l'intermédiaire de ses communautés juives. Les premières conversions se font parmi les masses populaires illettrées. Le christianisme alexandrin se développe en Égypte. Les premiers moines du monde chrétien sont égyptiens.	Les Juifs sont chassés de Jérusalem en 135. Les Romains leur interdisent de revenir. Le christianisme se répand dans les provinces orientales de l'Empire romain. Les chrétiens sont persécutés jusqu'à la conversion de l'empereur Constantin en 337.	Les Mayas utilisent des hiéroglyphes. Le volcan Xitli fait éruption en 300 et ensevelit la pyramide Cuicuilco au Mexique. La civilisation maya se développe en une fédération de cités-états au Mexique, au Guatemala et au Honduras.	**apr. J.-C.** **500** **apr. J.-C.**

Glossaire

amphithéâtre : grande construction ovale ou circulaire avec, au centre, une arène et, autour de celle-ci, des sièges en gradins pour les spectateurs.
aqueduc : canal artificiel pour conduire l'eau, souvent fait de pierre et élevé au-dessus du sol.
archéologue : celui qui étudie les vestiges historiques.
dictateur : celui qui dispose du pouvoir total et absolu. A Rome, magistrat investi de ce pouvoir pendant une période difficile.
***forum* :** place centrale d'une ville romaine, et lieu d'assemblée.
fouilles : travail consistant à déterrer et mettre au jour des vestiges historiques.
foulon : celui qui nettoyait les vêtements ou les étoffes.
fresque : peinture murale appliquée sur un mortier frais auquel les couleurs s'incorporent.
***grammaticus* :** celui qui enseignait la grammaire grecque et latine, l'histoire, la géographie et l'astronomie.
***ides* :** date du calendrier romain située le quinzième jour des mois de mars, mai, juillet et octobre et le treizième des autres mois.
insula (plur. : *insulae*) : île. Dans les villes romaines, immeuble de rapport.
lare (plur. : *lares*) : divinité du logis.
***lararium* :** autel des dieux *lares*.
mosaïque : image constituée par l'assemblage de petits éléments multicolores, en général de pierre ou de marbre, et incrustés dans un ciment.
patricien : citoyen noble issu d'une famille ancienne.
péristyle : passage couvert autour d'une cour découverte.
plébéien : simple travailleur qui appartient à la classe pauvre.
***podium* :** plate-forme élevée autour de l'arène d'un amphithéâtre et réservée aux places d'honneur.
reconstitution : tentative de recréation d'une ville, d'un édifice, d'un tableau... dans leur état originel.
relief : sculpture où les figures ou les objets se détachent en saillie légère sur un fond.
***silphium* :** légume aujourd'hui disparu.
terre à foulon : sorte d'argile alcaline servant au foulage, c'est-à-dire au nettoyage des tissus.
***testudo* :** en latin, carapace de tortue. Mot utilisé pour décrire un mode d'attaque où les soldats avançaient ensemble recouverts de leur bouclier en guise de protection.
tuf : sorte de roche volcanique, légère et poreuse.
***vomitorium* :** (plur. : *vomitoria*) passage servant à l'entrée et à la sortie des amphithéâtres.

Index

Les chiffres en gras renvoient aux illustrations.